Heimo Gaicher

Programmieren in C

Heimo Gaicher, Jahrgang 1969, ist bereits seit jungen Jahren leidenschaftlicher Bastler, Elektroniker und Programmierer. Berufsbegleitend absolvierte er nach seiner Lehre als Betriebselektriker die Werkmeisterschule für industrielle Elektronik und anschließend die Höhere Technische Bundeslehr- und Versuchsanstalt der Fachrichtung Elektronik und Technische Informatik in Graz. In seiner Industrielaufbahn befasst er sich mit der Hard- und Softwareentwicklung für innovative Produkte aus dem Bereich der HF-Kommunikations- und LED-Lichttechnik.

Vorwort

Dieses Buch richtet sich an Programmier-Einsteiger, die mit der Sprache C eine universelle Programmiersprache erlernen möchten. Da es für Einsteiger nicht gerade einfach ist, eine Programmiersprache zu erlernen, wurde dieses Buch schrittweise mit vielen Beispielen ausgearbeitet.

Auf eine allgemeine Einführung wurde bewusst verzichtet. Die entsprechenden Beispiele werden auch im Programmiercode genau dokumentiert und führen so zu einem besseren Verständnis. Das Buch ist kein Kompendium sondern eine für den Studierenden schrittweise Anleitung. Arbeiten Sie dieses Buch von Anfang an genau durch und versuchen Sie auch die Übungsaufgaben selbständig zu lösen. Denn eine Programmiersprache lernt man am besten, indem man Programme programmiert.

Dieses Buch wurde im Zuge meiner eigenen Ausbildung mit großer Sorgfalt geschrieben. Sollten sich dennoch Fehler eingeschlichen haben, freue ich mich über entsprechende Hinweise. Anmerkungen und Kritiken sind unter info@c-programmierung.at immer willkommen.

Viel Spaß beim Erlernen von C!

© 2012 Heimo Gaicher

Autor: Heimo Gaicher
Umschlaggestaltung, Illustration: Patrick Gaicher

Verlag: tredition GmbH, Hamburg
ISBN: 978-3-8491-1850-1
Printed in Germany

Bibliografische Information der Deutschen Nationalbibliothek:

Die Deutsche Nationalbibliothek verzeichnet diese Publikation in der Deutschen Nationalbibliografie; detaillierte bibliografische Daten sind im Internet über http://dnb.d-nb.de abrufbar.

Inhalt

1.   Einführung 1

1.1   Wie erstellt man ein C-Programm? 1

1.2   Installation von VISUAL STUDIO Express 2010 2

1.3   Download und Installation unter Windows..3

1.4   Start mit VISUAL STUDIO Express 2010 3

1.5   Das erste C-Programm...5

1.6   Startfunktionen in C...9

1.7   Einfache Programmbeispiele 10

1.7.1   Berechnung und Ausgabe von Quadratzahlen 10

1.7.2   Umrechnung von Fahrenheit in °C 11

1.7.3   Berechnung des Zinseszinseffektes 12

1.7.4   Berechnung des ggT mit Hilfe des euklidischen Algorithmus....................13

1.7.5   Berechnung von Testergebnissen..15

1.7.6   Etwas Farbe kommt ins Spiel 16

1.8   Kommentare und Bildschirmausgabe mit *printf()* 17

1.9   Das binäre Zahlensystem...19

1.10   Das hexadezimale Zahlensystem 22

1.11   Bits, Bytes und Kilobytes...23

2.   Variablen...23

2.1   Deklaration, Definition und Initialisierung von Variablen 24

2.2   Konstanten..26

2.3   Programmbeispiel Umfang und Fläche eines Kreises................................27

2.4   Symbolische Konstanten..27

2.5   Sichtbarkeit und Lebensdauer von Variablen..28

2.5.1   Globale Variablen 29

2.5.2   Lokale Variablen 30

2.5.3   Statische Variablen 31

3.   Datentypen 32

3.1   Datentypen Beispiele...35

3.2   Typecasting (Typumwandlung)..39

3.3   Typdefinition mit *typedef* 41

3.4	Das Speicherkonzept	41
4.	Operatoren	42
4.1	Höhere Rechenoperatoren	44
4.1.1	Programmbeispiel Quadratische Gleichung	45
4.2	Zuweisungsoperatoren	47
4.2.1	Kombinierte Zuweisungsoperatoren	47
4.3	Inkrement- und Dekrement Operatoren	48
4.4	Vergleichsoperatoren	48
4.5	Logische Operatoren	51
4.5.1	Reihenfolge der Auswertung logischer Operatoren	52
4.6	Bit-Operatoren	53
4.6.1	Bitweises UND	54
4.6.2	Bitweises ODER	55
4.6.3	Bitweises exklusiv ODER (XOR)	56
4.6.4	Bitweise Negation	57
4.6.5	Schiebeoperatoren (Links-shift / Rechts-shift)	58
4.6.6	Sonderverknüpfungen von Operatoren	59
5.	Daten einlesen, verarbeiten und ausgeben	60
5.1	Werte einlesen mit *scanf()*	60
5.1.1	Variablenüberwachung mit dem Debugger	62
5.1.2	Die Formatelemente von *scanf()*	65
5.1.3	Programmbeispiel mit *scanf()*	66
5.1.4	Probleme mit *scanf()*	67
5.1.5	Mit *scanf()* den Rückgabewert prüfen	71
6.	Kontrollstrukturen	72
6.1	if-Anweisung	72
6.2	if - else Verzweigung	74
6.2.1	if - else Verzweigung mit Verbundoperatoren	76
6.3	if, else - if Verzweigung	77
6.3.1	Programmbeispiele	78
6.4	Geschachtelte if - else Anweisungen	79
6.5	switch - case Anweisungen	80

6.5.1   Programmbeispiele...80

7   Iterationen...84

7.1   for - Schleifen...84

7.1.1   Verschachtelte for - Schleifen...86

7.2   Programmbeispiele...88

7.2.1   Sternequadrat..88

7.2.2   Zahlenfeld..88

7.2.3   Sägezahn...89

7.3   while - Schleifen...90

7.4   Programmbeispiele...92

7.5   do – while - Schleifen...95

7.6   Programmbeispiele...96

7.6.1   Umrechnung einer Dezimalzahl in eine Binärzahl...........................96

7.6.2   Berechnung des Mittelwertes von Messwerten..............................97

7.6.3   Winkelberechnung...98

7.6.4   Minimum und Maximum..99

7.7   Unterbrechen von Schleifen..100

7.7.1   Die break - Anweisung...100

7.7.2   Die continue - Anweisung..101

7.8   Programmbeispiele...102

7.8.1   Quadratische Funktion..102

7.8.2   Fakultät einer Zahl...103

7.8.3   Notendurchschnitt...104

7.8.4   Die Zahlenfolge von Fibonacci..104

7.8.5   Wurfparabel..106

8   Zeichenweise lesen und schreiben..107

8.1   Die Funktion *getchar()*...108

8.2   Die Funktion *putchar()*...109

8.3   Die Funktion *gets()*..110

9   Arrays (Felder)..111

9.1   Programmbeispiel Binärzahlenrechner...116

9.2   Initialisierungen von Arrays...119

9.3	Mehrdimensionale Arrays (Matrix)	120
9.4	Programmbeispiel 10x10 Matrix	121
10	Zeichenketten (Strings)	122
11	Funktionen	125
11.1	Aufruf einer Funktion	127
11.2	Parameterübergabe	129
11.3	Parameterübergabe mit call by value	130
11.4	Rückgabewert einer Funktion	132
11.5	Parameterübergabe mit call by reference	135
11.6	Programmbeispiele	137
11.7	Anwendung globaler Variablen	139
12	Pointer (Zeiger)	141
12.1	Definition von Pointervariablen	142
12.2	Der NULL-Pointer	142
12.3	Wertzuweisung an einen Pointer (Referenzierung)	143
12.4	Zugriff auf eine Variable über einen Pointer (Dereferenzierung)	144
12.5	Pointer auf void	147
12.6	Pointer auf Arrays	147
12.7	Programmbeispiel Schachbrett	149
13	Strukturen	150
13.1	Strukturen deklarieren	151
13.2	Initialisierung und Zugriff auf Strukturen	152
13.3	Programmbeispiel	154
13.4	Strukturen von Strukturen	158
13.5	Strukturen mit Arrays	160
13.6	Arrays von Strukturen	161
13.7	Übergabe von Strukturvariablen an Funktionen	164
13.8	Strukturen und Zeiger	165
13.9	Der Pfeiloperator (->)	166
13.10	Typdefinition von Strukturen mit *typedef*	167
13.11	Programmbeispiel komplexe Zahlen	168
13.12	Unions	170

13.13	Aufzählungen (enum)	172
14	Standard Datenströme	175
14.1	Dateien öffnen und schließen	175
14.2	Dateien auf Existenz prüfen	177
14.3	Lesen einer Datei	178
14.4	Schreiben in eine Datei	180
14.5	Die Funktion *sprintf()*	182
14.6	Die Funktion *sscanf()*	184
15	Speicherverwaltung	185
15.1	Dynamische Speicherverwaltung	185
15.2	Anfordern von Speicher	185
15.3	Freigeben von Speicher	187
16	Zeitfunktionen	187
16.1	Die Funktion *time()*	188
16.2	Die Funktion *clock()*	189
17	Zufallszahlen erzeugen	192
17.1	Programmbeispiel Würfelspiel	195
18	Anhang	196
18.1	Übersicht über die C Standard-Bibliothek	196
18.2	ASCII Tabelle	197
18.3	Stichwortverzeichnis	198

1. Einführung

Die Programmiersprache C wurde bereits 1972 von Dennis M. Ritchie in den Bell-Laboratorien (USA) entwickelt und 1973 bis 1974 von Brian W. Kernighan weiter verbessert. Als C ausgereift war und auch über eine Funktionsbibliothek verfügte, wurde die Sprache 1978 von Kernighan und Ritchie veröffentlicht.

Die rasche Verbreitung von C verlangte schließlich eine Standardisierung. Diese wurde 1989 vom ANSI-Komitee festgelegt und 1990 von der ISO übernommen. Die Vorläufer von C sind die Sprachen BCPL (Basic Combined Programming Language) und B. Da die Sprache auf UNIX entwickelt und UNIX mit seinen Dienstprogrammen nahezu vollständig in C geschrieben wurde, scheint die Sprache sehr eng mit dem Betriebssystem UNIX verbunden zu sein. Doch C ist absolut universell einsetzbar und eine sehr „kleine" aber doch mächtige Programmiersprache, die über wenige Anweisungen verfügt. Mit diesen wenigen Anweisungen deckt sie aber trotzdem alle geforderten Kontrollstrukturen ab.

Dadurch, dass viele Aufgaben wie z.B. Ein- und Ausgabe über vorgegebene Bibliotheksfunktionen gelöst werden, konnte die Anzahl der Anweisungen in C so gering gehalten werden. Aber auch sehr große Softwareprogramme wie z.B. das Betriebssystem Windows XP wurden größtenteils in C programmiert.

Doch auch in der hardwarenahen Programmierung ist C eine dominierende Programmiersprache. Auch für moderne Sprachen wie beispielsweise Java, C++ oder C# bildet C die Grundlage. Somit findet der C-Programmierer auch einen leichten Einstieg in diese Sprachen.

1.1 Wie erstellt man ein C-Programm?

Die Programmerstellung in C durchläuft prinzipiell drei Arbeitsschritte:

1.   Erstellen des Quellcodes (editieren)
2.   Übersetzen des Quellcodes (kompilieren)
3.   Binden des kompilierten Codes (linken)

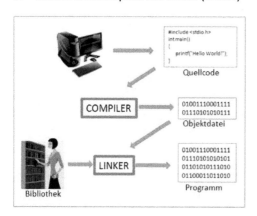

Der Quellcode wird entweder in einem Texteditor oder in einer Entwicklungs-umgebung, kurz IDE (**I**ntegrated **D**evelopment **E**nvironment) geschrieben. Dieser Programmcode ist für den Programmierer leserlich und verständlich. Doch für den Computer (Prozessor, Mikrocontroller) muss dieser Code in die sogenannte Maschinensprache (bestehend aus Nullen und Einsen) umgewandelt werden. Diese Umwandlung oder Übersetzung des Programmiercodes übernimmt ein Compiler, welcher in einer Entwicklungsumgebung bereits als Programm eingebunden ist.

Zum Compiler gehören auch mehrere Bibliotheken (Libraries). Die Bibliotheken enthalten bereits fertige Funktionen, welche Sie beim Programmieren in Ihre Programme einbinden können.

Der Linker sucht aus den Bibliotheken alle Funktionen die benötigt werden heraus und fügt sie dem Programm hinzu.

Betriebssysteme wie Linux oder Unix verfügen bereits automatisch über alle notwendigen Programme. Bei anderen Betriebssystemen wie z.B. Windows, muss eine Entwicklungsumgebung (IDE) für C-Programme gesondert installiert werden. Nur dann können Sie Ihren programmierten C-Code ausführen.

Um in C programmieren zu können, benötigen Siealso eine Entwicklungsumgebung. Natürlich können Sie ein C-Programm auch mit einem einfachen Texteditor schreiben, aber mit einer Entwicklungsumgebung ist die Programmierung wesentlich komfortabler. Wir verwenden in diesem Lehrbuch die Entwicklungsumgebung VISUAL C++ 2010 Express Edition, welche von Microsoft als Freeware angeboten wird. Alternativ kann aber auch jede andere Entwicklungsumgebung (z.B. **Dev-C++** oder **wxDev-C++**) für C verwendet werden.

1.2 Installation von VISUAL STUDIO Express 2010

VISUAL STUDIO 2010 EXPRESS EDITION ist eine kostenlose Software und Sie können Sie direkt von der Microsoft-Webseite herunterladen.

Hier der Downloadlink:

http://www.microsoft.com/germany/express/download/webdownload.aspx

1.3 Download und Installation unter Windows

VISUAL STUDIO EXPRESS einrichten

Wählen Sie **VISUAL C++ 2010EXPRESS** und klicken Sie auf Download. Wählen Sie bei der Installation alle Optionen aus. Zum Zeitpunkt der Erstellung dieses Buches ist die Version 2010 aktuell.

DOWNLOAD: VISUAL C++ 2010 EXPRESS

1.4 Start mit VISUAL STUDIO Express 2010

Starten Sie VISUAL C++ 2010 EXPRESS.
Sie gelangen zum Startfenster, welches beim Start in etwa wie in der folgenden Abbildung aussieht.

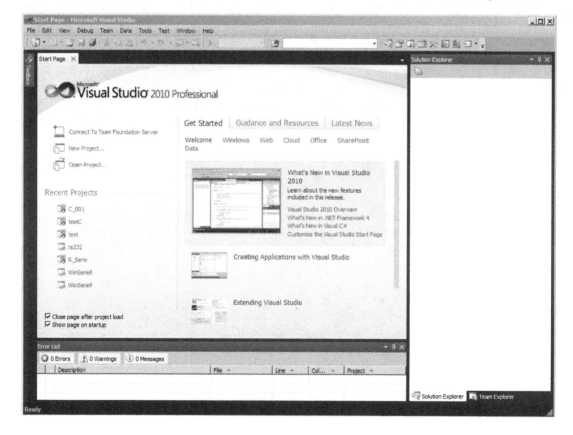

Klicken Sie nun auf der Startseite auf „Neues Projekt".

Um eine Konsolenanwendung zu starten, verwenden Sie die Win32-Konsolenanwendung und geben einen Namen für Ihr Projekt ein.

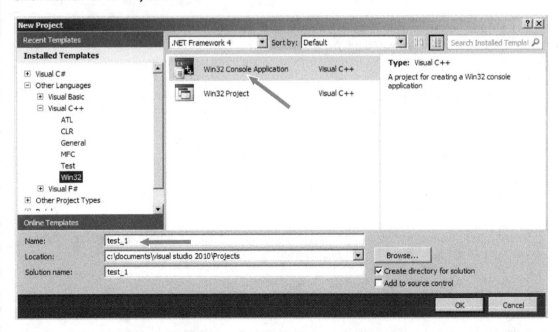

Klicken Sie auf „OK" und nachfolgend auf „Fertigstellen".

Jetzt haben Sie ein neues Projekt erstellt und können im Editor Ihren Programmcode in C++ oder wie in unserem Fall in C programmieren. Die Quelldatei für unseren Programmcode heißt **test_1cpp**.

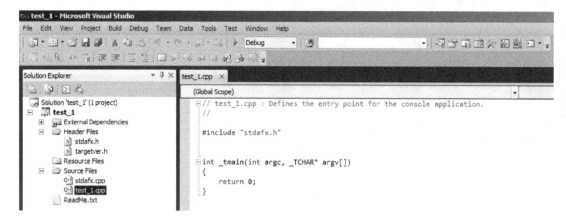

In VISUAL C++ lässt sich die Anordnung der Fenster flexibel gestalten. Sämtliche Fenster lassen sich an allen Ecken andocken. So können Sie sich VISUAL C++ nach Ihren eigenen Bedürfnissen einrichten. Sie werden im Laufe der Programmierübungen noch einiges über den Umgang mit VISUAL Studio lernen.

1.5 Das erste C-Programm

Testen wir nun unsere Entwicklungsumgebung und schreiben ein erstes Programm. Fügen Sie dazu unter der Startfunktion **_tmain()** die Programmzeile printf("Ich bin ein C Fan!"); ein. Mit **printf()** wird der Text zwischen den beiden Anführungszeichen am Bildschirm ausgegeben.

Als Anfänger werden Sie an dieser Stelle den kompletten Programmcode noch nicht verstehen. Das ist aber zu diesem Zeitpunkt auch nicht notwendig, denn wir werden uns Schritt für Schritt an die Funktionen in C herantasten.

```
int _tmain(int argc, _TCHAR* argv[])
{
    printf("Ich bin ein C Fan!");
    return 0;
}
```

Im nächsten Schritt möchten wir unser Programm ausführen. Dazu starten Sie den Debugger indem Sie die Taste **F5** drücken oder das Symbol **(>)**anklicken.

Jetzt wird der Programmcode zuerst kompiliert und wenn der Compiler keinen Fehler erkennt, wird der Programmcode im Debug-Fenster ausgeführt. Wenn Sie den Programmcode ausführen, werden Sie feststellen, dass sich das Debug-Fenster ganz kurz öffnet und gleich wieder schließt. Damit das

Debug-Fenster geöffnet bleibt, müssen wir unser Programm vor dem Programmende anhalten. Dies können wir z.B. mit der Funktion **getchar()** realisieren. Diese Funktion wartet an dieser Stelle auf eine Tastatureingabe, welche mit der Taste „Enter" abgeschlossen wird.

Bauen wir also die Funktion **getchar()** in unser Programm ein.

```
int _tmain(int argc, _TCHAR* argv[])
{
    printf("Ich bin ein C Fan!");
    getchar();   //An dieser Stelle auf eine Tastatureingabe warten
    return 0;
}
```

Starten Sie den Debugger erneut. Wenn Sie alles richtig gemacht haben, bleibt das Debug-Fenster nun geöffnet und die Ausgabe **<Ich bin ein C Fan!>** erscheint am Bildschirm.

Wie Sie im Codebeispiel sehen, wurde mit **//** ein Kommentar eingeleitet. Kommentare sind für den Programmierer eine wichtige Möglichkeit um Programmcode zu dokumentieren.

Insbesondere bei größeren Programmen wird eine gute Dokumentation sehr wichtig, da Sie dem Programmierer hilft, auch nach längerer Zeit, den Programmcode sehr rasch zu verstehen. Kommentare werden vom Compiler nicht berücksichtigt.

Betrachten wir unseren Programmcode nun etwas genauer.Unser Projekt (auch jedes andere) startet an der Stelle **_tmain** und wird von den beiden geschwungenen Klammern { } eingeschlossen.

```
int _tmain(int argc, _TCHAR* argv[])
{
    //Hier steht der Code...
}
```

Innerhalb der beiden Klammern wird unser Code schrittweise abgearbeitet und das Programm entsprechend ausgeführt.Da wir unser erstes Projekt mit den Anwendungseinstellungen

- Konsolenanwendung
- Vorkompilierter Header

erstellt haben, wurden von der Entwicklungsumgebung automatisch sogenannte Headerdateien (das sind Dateien mit der Endung .h) vorgeladen. Diese Dateien z.B. **stdafx.h** ermöglichen eine sehr rasche Kompilierung des Quelltextes. Dadurch sinkt die Kompilierzeit für große Programme dramatisch.

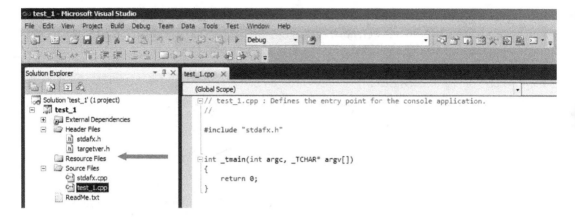

Abb: Durch vorkompilierte Header erzeugte Projektdateien

Da wir in diesem Lehrbuch aber keine großen Programme schreiben, werden wir der Überschaubarkeit wegen, unser Projekt etwas umgestalten.

Erstellen Sie ein neues Projekt mit dem Namen ausgabe_1 und ändern die Anwendungseinstellungen auf „Leeres Projekt".

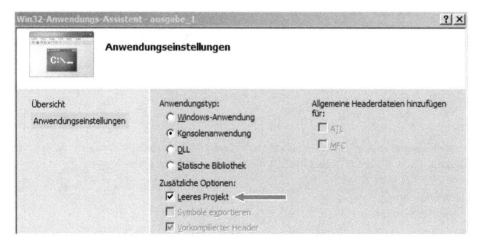

Es öffnet sich der Projektmappen-Explorer wie in der folgenden Abbildung ersichtlich mit einem leeren Projekt.

7

Um eine neue Quelldatei zu erstellen, klicken Sie im Projektmappen-Explorer mit der rechten Maustaste auf Quelldateien und wählen Hinzufügen /Neues Element.

Wählen Sie nun die installierte Vorlage Code / C++ Datei und geben Sie der Datei den Namen **main**. Der Projektmappen-Explorer hat nun die Datei **main.cpp** im Verzeichnis Quelldateien erstellt. In diese Datei schreiben wir unseren Programmcode.

Geben Sie nun den folgenden Code im Editor ein und starten den Debugger:

```c
int main(void)
{
    printf("Ich bin ein C-Fan!");

    getchar();
    return 0;
}
```

Im Ausgabefenster erhalten Sie jetzt zwei Fehlermeldungen:

```
"printf": Bezeichner wurde nicht gefunden.
"getchar": Bezeichner wurde nicht gefunden.
```

Der Compiler kann in diesem Moment die beiden Funktionen *printf()* und *getchar()* nicht zuordnen. Diese Standardfunktionen müssen dem Compiler am Anfang „bekannt" gemacht werden. Dies geschieht durch das Einbinden der Headerdatei *<stdio.h>*.

Eine Headerdatei wird mit *#include* eingebunden.

```c
#include <stdio.h>      // Bindet die Standard Ein- und Ausgabefunktionen ein

int main(void)
{
    printf("Ich bin ein C-Fan!");

    getchar();
    return 0;
}
```

Bei erfolgreicher Kompilierung wird das Konsolefenster geöffnet und das Programm ausgeführt.

In der Konsole wird

```
c:\documents\visual studio 2010\Projects\test_1\Debug\test_1.exe
Ich bin ein C-Fan!
```

ausgegeben.

Zum Unterschied von vorher verwenden wir als Einstiegspunkt nur die leere Funktion *main()* ohne die Übergabeparameter (int argc, _TCHAR* argv[]). Welche Bedeutung Übergabeparameter haben werden Sie zu einem späteren Zeitpunkt noch kennenlernen.

Dasselbe Programm könnten Sie nun auch mit einem einfachen Texteditor schreiben und als „Dateiname.c" speichern.

Um ein Programm an bestimmter Stelle anzuhalten können Sie auch die Funktion *system("PAUSE")* verwenden. Diese Funktion befindet sich in der C-Standardbibliothek *stdlib.h* welche zuvor mit *#include* eingebunden werden muss.

```
#include <stdlib.h>      // Bindet die C-Standardbibliothek ein

system("PAUSE");         // Hält ein Programm an dieser Stelle an bis eine Taste gedrückt wird
```

1.6 Startfunktionen in C

Mit #include <stdio.h> (Präprozessor-Direktive) wird eine Bibliothek, in welcher Standardfunktionen hinterlegt sind, in das Programm geladen. Mit stdio.h werden Makros und Variablen definiert, die in der Standardbibliothek verwendet werden. Sie wird für die Standard-Ein und Ausgabe (standard input / output) benötigt. Wenn der Compiler die Anweisung verarbeitet hat, ist diese Datei ein fixer Bestandteil des Programms.

int main(void) ist der **Startpunkt** eines jeden C-Programms.

Die Funktion *main()* muss in jedem Programm **einmal** vorkommen. Sie darf aber auch nicht öfter als einmal vorkommen. Zu jeder Funktion gehört auch ein Funktionsrumpf, welcher durch die beiden geschwungenen Klammern { } gekennzeichnet ist. Alles, was innerhalb der beiden geschwungenen Klammern steht, gehört auch zu dieser Funktion.

In unserem Beispiel haben wir den Funktionsaufruf printf("Ich bin ein C-Fan!"); verwendet. Mit der Funktion *printf()* wird am Bildschirm der gesamte Inhalt zwischen den beiden Klammern ( ) ausgegeben. Also alles, was innerhalb der beiden Anführungszeichen steht. Das **Semikolon (;)** am Ende des Befehls ist zwingend erforderlich und schließt den Befehl ab.

Sehen wir uns den Startpunkt *main()* noch etwas genauer an:

```
int main(void)
```

Das Schlüsselwort **void** verwendet man, um Funktionen zu deklarieren, die **keine Ergebnisse** enthalten sollen. Void bedeutet also ganz einfach leer.

Mit `int main(void)` wird kein Parameter übergeben aber ein Parameter (Rückgabeparameter) erwartet. Was das konkret bedeutet, werden wir an späterer Stelle noch klären. Derzeit ist nur wichtig, dass Sie wissen, dass der Einstiegspunkt für jedes Programm die Funktion **main()** ist. Wird kein Parameter zurückgegeben, ist auch die Deklaration `void main(void)` möglich. In diesem Fall entfällt `return 0;` am Ende des Programms.

1.7 Einfache Programmbeispiele

Die folgenden Programmbeispiele dienen lediglich der Einführung in die Programmierung, damit Sie mit den Codebeispielen etwas vertraut werden um die Theorie leichter zu verstehen. Es ist nicht erforderlich, dass Sie den Code bereits jetzt verstehen. Vieles davon ist jedoch selbsterklärend und alles andere wird an späterer Stelle behandelt werden.

1.7.1 Berechnung und Ausgabe von Quadratzahlen

Es soll ein Programm geschrieben werden, welches die ersten zehn Quadrate (also die Quadrate von 1 bis 10) berechnet und ausgibt.

```
#include <stdio.h>

int main(void)
{
    int zahl=1, ergebnis;

    for (int i=0; i<=9; i++)
    {
        ergebnis = zahl * zahl;
        printf("\nDas Quadrat von %i = %i",zahl, ergebnis);
        zahl++;
    }
    getchar();
    return 0;
}
```

Erläuterungen zum Programmcode:

Wie Sie bereits wissen, muss immer ein Hauptprogramm vorhanden sein. Das Hauptprogramm ist sozusagen der Startpunkt für die Programmausführung. Das Hauptprogramm in C heißt immer **main()**. Zuvor ist die Präprozessor-Anweisung **#include<stdio.h>** erforderlich damit die Bibliotheksfunktion **printf()** erkannt wird.

In der nächsten Programmzeile werden zwei Variablen (zahl und ergebnis) deklariert. Beide Variablen sind vom Datentyp Integer (Integer = ganze Zahlen) wobei der Variablen zahl bereits ein Wert (zahl=1) zugewiesen wird.

Jetzt folgt eine for-Schleife. Eine for-Schleife wiederholt den Programmcode innerhalb der beiden geschwungenen Klammern { } so oft, wie dies in der Schleife definiert wurde. In diesem Fall wird eine Zählvariable i vom Datentyp Integer vereinbart. Der Startwert von i ist 0. Der Endwert von i ist 9. Mit i++ wird die Zählvariable i bei jedem Schleifendurchlauf um eins erhöht. Die Schleife wird also so lange durchgeführt, so lange die Zählvariable i kleiner oder gleich 9 ist. Ist i gleich 9, wird die Schleife noch ein einziges Mal durchlaufen und die Zählvariable auf 10 erhöht. Danach wartet das Programm mit *getchar()* auf eine Tastatureingabe und wird beendet.

Im ersten Schleifendurchlauf erhält die Variable ergebnis den Wert 1*1 und wird mit *printf()* am Bildschirm ausgegeben. Anschließend wird die Variable zahl um eins erhöht. Im zweiten Schleifendurchlauf erhält die Variable ergebnis den Wert 2*2 und wird mit *printf()* am Bildschirm ausgegeben. Anschließend wird die Variable zahl wieder um eins erhöht. Dieser Vorgang setzt sich solange fort, solange die Schleifenbedingung (i <= 9) erfüllt ist.

Nicht zu vergessen ist das Semikolon (;). Das Semikolon ist in C ein Satzzeichen und wird dazu verwendet, das Ende einer Anweisung anzuzeigen. Eine Anweisung kann sich in C auch über mehrere Zeilen erstrecken.

1.7.2 Umrechnung von Fahrenheit in °C

Mit diesem Programm werden Temperaturen in Zehner-Schritten von 0 bis 100 Grad Fahrenheit in Grad Celsius umgerechnet und als Tabelle ausgegeben.

Die Formel für die Umrechnung lautet: $°C = \frac{5}{9} * (°F - 32)$

```
#include <stdio.h>

int main(void)
{
    int fahrenheit = 0;
    double celsius;
    while (fahrenheit <= 100)      // Führe durch, solange fahrenheit kleiner oder gleich 100
    {
        celsius = ((5.0/9.0)*(fahrenheit-32));  // Division von 5.0 / 9.0
                                                // Ergebnis als Gleitkomma
        printf("%i Fahrenheit = %10.2lf Celsius\n",fahrenheit, celsius);
        fahrenheit +=10;                        // Erhöhe fahrenheit um 10
    }
    getchar();
    return 0;
}
```

```
c:\documents\visual studio 2010\Projects\test_1\Debug\test_1.exe
0 Fahrenheit   =       -17.78 Celsius
10 Fahrenheit  =       -12.22 Celsius
20 Fahrenheit  =        -6.67 Celsius
30 Fahrenheit  =        -1.11 Celsius
40 Fahrenheit  =         4.44 Celsius
50 Fahrenheit  =        10.00 Celsius
60 Fahrenheit  =        15.56 Celsius
70 Fahrenheit  =        21.11 Celsius
80 Fahrenheit  =        26.67 Celsius
90 Fahrenheit  =        32.22 Celsius
100 Fahrenheit =        37.78 Celsius
```

Erläuterungen zum Programmcode:

Das entscheidende in diesem Programm ist die Division. Würde man 5/9 schreiben, wäre das Ergebnis 0 da eine Integer Division (ganzzahliger Datentyp) vorliegt. Hier ist aber eine Division mit Rest (Gleitpunkt Division) gefordert. Mit 5.0 / 9.0 erzwingt man die Durchführung einer Gleitpunkt Division.

Das Ergebnis soll um zehn Stellen nach rechts verschoben mit einer Genauigkeit von zwei Dezimalstellen angezeigt werden. Das **Formatelement** lautet daher **%10.2lf**. 10 steht für die Verschiebung nach rechts um zehn Stellen. 2 steht für die Anzahl der Nachkommastellen und lf für die Ausgabe einer Zahl vom Datentyp **double**.

1.7.3 Berechnung des Zinseszinseffektes

Das folgende Programm berechnet die Zinsen und Zinseszinsen auf eine einmalige Kapitalanlage und gibt die jährlichen Ergebnisse in Form einer Tabelle aus.

```c
#include <stdio.h>

#define LAUFZEIT        10
#define STARTKAPITAL    10000
#define ZINSSATZ        3.25

int main(void)
{
    double kapital = STARTKAPITAL;

    for (int jahr=1; jahr <= LAUFZEIT; jahr++)
    {
        kapital = kapital * (1.0 + ZINSSATZ / 100.0);
        printf("\nIhr Kapital nach dem %i jahr: %10.2lf ",jahr,kapital);
    }
    getchar();
    return 0;
}
```

```
c:\documents\visual studio 2010\Projects\test_1\Debug\test_1.exe
Ihr Kapital nach dem  1 jahr:     10325.00
Ihr Kapital nach dem  2 jahr:     10660.56
Ihr Kapital nach dem  3 jahr:     11007.03
Ihr Kapital nach dem  4 jahr:     11364.76
Ihr Kapital nach dem  5 jahr:     11734.11
Ihr Kapital nach dem  6 jahr:     12115.47
Ihr Kapital nach dem  7 jahr:     12509.23
Ihr Kapital nach dem  8 jahr:     12915.78
Ihr Kapital nach dem  9 jahr:     13335.54
Ihr Kapital nach dem 10 jahr:     13768.94
```

Erläuterungen zum Programmcode:

Hier wurde mit Konstanten (Präprozessoranweisungen) gearbeitet. Diese Konstanten sind:

```
#define LAUFZEIT        10
#define STARTKAPITAL    10000
#define ZINSSATZ        3.25
```

Der konstante Wert 10 wurde der symbolischen Konstanten LAUFZEIT zugewiesen usw. Diese konstanten Werte werden vor dem Hauptprogramm *main()* vereinbart und können an dieser Stelle global für das gesamte Programm verändert werden.

Konstanten werden in C üblicherweise groß geschrieben, um sie im Programmcode von Variablen zu unterscheiden. Für eine genauere Berechnung wurde hier der Datentyp double für die Variable kapital vereinbart.

Die Berechnung der Zinsen erfolgt in der for-Schleife, welche solange durchlaufen wird, solange die Variable jahr kleiner oder gleich der LAUFZEIT ist. Die Berechnung erfolgt nach der Reihenfolge der Zuweisung (kapital neu = kapital alt + Zinsen).

1.7.4   Berechnung des ggT mit Hilfe des euklidischen Algorithmus

Mit dem euklidischen Algorithmus (benannt nach dem griechischen Mathematiker Euklid) lässt sich der größte gemeinsame Teiler (ggT) zweier natürlicher Zahlen berechnen. Der größte gemeinsame Teiler wird zum Kürzen von Brüchen benötigt.

Betrachten wir den Bruch $\frac{12}{4}$

Hier kann man den größten gemeinsamen Teiler auch leicht im Kopf bestimmen. Zähler und Nenner lassen sich gemeinsam durch 2 und 4 teilen. Der größte gemeinsame Teiler ist demnach 4 und wir können statt $\frac{12}{4}$ auch $\frac{3}{1}$ bzw. 3 schreiben.

Um ein Programm zu schreiben, welches den größten gemeinsamen Teiler berechnet benötigen wir eine Abfolge von Vorschriften (Algorithmus). Der Algorithmus um den größten gemeinsamen Teiler zweier Zahlen zu bestimmen lautet:

Um den ggT zweier natürlicher Zahlen x und y zu bestimmen, führe folgende Schritte aus:

Solange x ungleich y ist wiederhole

{

       Wenn x größer als y ist, dann ziehe y von x ab und weise das Ergebnis x zu.
       Andernfalls ziehe x von y ab und weise das Ergebnis y zu.

}

Wenn x gleich y ist

{

       x bzw. y ist der größte gemeinsame Teiler.

}

Diesen Algorithmus gilt es nun, in einem C-Programm umzusetzen:

```c
#include <stdio.h>

int main(void)
{
    int x,y;

    printf ("Wert fuer den Zaehler (x): ");
    scanf ("%i", &x);    // liest den Wert für x ein

    printf ("Wert fuer den Nenner (y): ");
    scanf ("%i", &y);    // liest den Wert für y ein

    printf ("\nDer ggT von %i und %i ist: ",x,y);

    while (x != y)
    {
        if (x < y)
            y = y-x;
        else
            x = x - y;
    }
    printf ("%i",x);

    fflush(stdin); // Tastaturpuffer leeren
    getchar();
    return 0;
}
```

```
c:\documents\visual studio 2010\Projects\test_1\Debug\test_1.exe
Wert fuer den Zaehler (x): 12
Wert fuer den Nenner (y): 4

Der ggT von 12 und 4 ist: 4
```

Erläuterungen zum Programmcode:

Mit der Bibliotheksfunktion *scanf()* kann man Werte von der Tastatur einlesen. Wie die Funktion *printf()* hat auch *scanf()* als erstes Argument einen Formatstring. Hier wird bestimmt, welcher Datentyp verarbeitet werden soll.

Da in diesem Beispiel ganze Zahlen eingelesen, verarbeitet und ausgegeben werden, wird als Formatelement **%i** für den Datentyp Integer benutzt. Das **&-Zeichen** vor der Variablen x bzw. y zeigt an, dass es sich hier um einen Adressoperator handelt. Mit einem Adressoperator greift man auf die Speicheradresse einer Variablen zu.

Da die Werte der Variablen x und y in der while-Schleife verändert werden, müssen die Anfangswerte von y und y vor der Berechnung ausgegeben werden. Das Ergebnis der Berechnung, also der ggT, wird in der gleichen Zeile angehängt, da hier kein Zeilenumbruch (**\n**) stattfindet.

1.7.5   Berechnung von Testergebnissen

Dieses Beispiel berechnet die Testergebnisse eines bestimmten Notenschlüssels und fragt mit **if** - und **else if** - Anweisungen ab, ob eine bestimmte Bedingung zutrifft oder nicht.
Nach Eingabe der Punktzahl wird mit der ersten if-Abfrage geprüft, ob die eingegebene Zahl überhaut eine korrekte Zahl ist. Falls ja, wird mit den weiteren esle if – Abfragen die eingelesene Zahl geprüft und entsprechend ausgegeben.

```c
#include <stdio.h>
int main(void)
{
   int zahl;
   printf("Bitte geben Sie Ihre Punktzahl ein: ");
   scanf("%i",&zahl);               // liest eine Ganzzahl vom Typ int ein

   if((zahl > 10) || (zahl <= 0))   // Prüft ob zahl größer als 10 oder kleiner gleich 0 ist
        printf("\nError, bitte geben Sie eine Gueltige Zahl ein");

   else if(zahl == 10)
        printf("\nErgebnis: Sehr Gut");
   else if(zahl == 9)
        printf("\nErgebnis: Gut");
   else if(zahl == 8)
        printf("\nErgebnis: Befriedigend");
   else if(zahl == 7)
        printf("\nErgebnis: Genuegend");
   else
        printf("\nErgebnis: Nicht Genuegend");

   printf("\n\n\nNotenschluessel:\n10=Sehr
Gut\n9=Gut\n8=Befriedigend\n7=Genuegend\nweniger=Nicht Genuegend\n\n");

   fflush(stdin); // Tastaturpuffer leeren
   getchar();
   return 0;
}
```

```
c:\documents\visual studio 2010\Projects\struct
Bitte geben Sie Ihre Punktzahl ein: 9

Ergebnis: Gut


Notenschluessel:
10=Sehr Gut
9 =Gut
8 =Befriedigend
7 =Genuegend
weniger=Nicht Genuegend
```

1.7.6   Etwas Farbe kommt ins Spiel

Eine Möglichkeit die Schriftfarbe zu ändern ist der Einsatz von DOS-Befehlen. Mit dem Dos-Befehl **color** kann man auf einfache Art und Weise die Schriftfarbe und die Hintergrundfarbe im Konsolenfenster verändern.

Mit der Funktion *system()* gefolgt von den Parametern kann die gewünschte Farbe eingestellt werden. Die Funktion *system()* befindet sich in der Bibliothek *<stdlib>* und muss daher zuerst mit `#include <stdlib.h>` eingebunden werden.

Beispiel:

```
system("color 1A");
```

Ein Beispiel für diesen DOS-Befehl ist "color 1A". Der erste Parameter ist die Farbe des Hintergrundes, der zweite Parameter ist die Schriftfarbe.

Übersicht der Farbparameter:

0 = Schwarz

1 = Dunkelblau

2 = Dunkelgrün

3 = Blaugrün

4 = Dunkelrot

5 = Lila

6 = Ocker

7 = Hellgrau

8 = Dunkelgrau

9 = Blau

A = Grün

B = Zyan

C = Rot

D = Magenta

E = Gelb

F = Weiß

Hier ein kleines Beispielprogramm:

```c
#include <stdio.h>
#include <stdlib.h>

int main(void)
{
    system("color F5");
    printf("Das ist die Hintergrundfarbe F und die Schriftfarbe 5\n");
    system("PAUSE");

    system("Cls");        // Bildschirm löschen (clear screen)

    system("color 0C");
    printf("Das ist die Hintergrundfarbe 0 und die Schriftfarbe C\n");
    system("PAUSE");

    return 0;
}
```

1.8   Kommentare und Bildschirmausgabe mit *printf()*

Mit *printf()* kann man nicht nur Text sondern auch Zeichenketten, (Strings) das sind Buchstaben, Zeichen, Zahlen ect. ausgeben.

Beispiel:

```c
#include <stdio.h>

int main (void)                        //Beginn des Hauptprogramms
{
    printf("Ich lerne jetzt");         //Ausgabe mit printf
    printf("die Programmiersprache C"); //Ausgabe mit printf

    /* Hier eine Möglichkeit, Kommentare über mehrere Zeilen
       einzufügen. Dieser Kommentar wird mit einem Slash-Sternchen eröffnet und mit einem
    Sternchen-Slash wieder
    beendet */
    return 0;
}
```

Ein Kommentar dient dazu, Programmteile oder Abschnitte zu dokumentieren. Ein Kommentar wird mit // oder /* und */ eingeleitet und vom Compiler **nicht** berücksichtigt. Kommentare erleichtern das Lesen umfangreicher Programme.

Wenn Sie dieses Programm mit **Strg+F5** ausführen, dann sehen Sie, dass die Ausgabe in einer Zeile erfolgt.

Um den zweiten Teil in der nächsten Zeile auszugeben, müssen wir einen Zeilenvorschub (**\n**) in das Programm einbauen. Diese sogenannten **Escapesequenzen** werden immer mit einem Backspace **** eingeleitet.

Beispiel:

```
#include <stdio.h>

int main (void)
{
    printf("\a Alarm");
    printf("\n Zeilenvorschub \n");
    printf("\t Tabulator");
    return 0;
}
```

<u>**Übersicht der Excape-Zeichen in C:**</u>

Escape-Zeichen	Beschreibung
\'	Fügt ein Hochkomma in die Zeichenfolge ein
\"	Fügt Anführungsstriche ein
\\	Fügt einen Backslash ein
\a	Löst einen Alarmton aus
\b	Löscht ein vorhergehendes Zeichen
\f	Löst den Formularvorschub eines Druckers aus
\n	Löst einen Zeilenvorschub aus
\r	Wagenrücklauf
\t	Tabulatorsprung
\u	Fügt ein Unicode-Zeichen ein
\v	Vertikaler Tabulator
\?	? wird ausgegeben
\0	Markiert das Ende eines Strings
\xhh	Ausgabe eines Hexadezimalwertes

Mit **printf()** kann man aber nicht nur Texte ausgeben sondern auch rechnen. An der Stelle, wo das Ergebnis ausgegeben werden soll, wird ein **Platzhalter %** gefolgt von seinem **Datentyp** (i steht für Integer) eingefügt.

```
printf("4 x 5 = %i",4*5);
```

Der Platzhalter **%i** vom Datentyp Integer fügt das Ergebnis von 4*5 an dieser Stelle ein.

1.9   Das binäre Zahlensystem

Bevor wir tiefer in die Programmiersprache C einsteigen, sollten Sie noch ein paar wichtige Grundlagen kennenlernen. Der sichere Umgang mit dem binären und hexadezimalen Zahlensystem ist eine Voraussetzung in der Informatik.

Das binäre Zahlensystem wird auch Dualsystem genannt und besteht im Wesentlichen aus genau zwei Zuständen. Diese sind 0 und 1 und mit diesen beiden Zuständen können positive und negative Zahlen dargestellt werden.

dez	hex	binär
0	0	0
1	1	1
2	2	10
3	3	11
4	4	100
5	5	101
6	6	110
7	7	111
8	8	1000
9	9	1001
10	A	1010
11	B	1011
12	C	1100
13	D	1101
14	E	1110
15	F	1111

Hier sehen Sie eine Gegenüberstellung des dezimalen, hexadezimalen und binären Zahlensystems mit den Zahlen 0 bis 15.

Das dezimale Zahlensystem hat als Basis den Zeichenvorrat 10. Damit können die Zahlen von 0 bis 9 dargestellt werden. Anschließend kommt der Übertrag in die nächste Stelle. Im hexadezimalen Zahlensystem ist die Basis 16. Hier werden die Zahlen 0-9 und A-F (0 bis 15 dezimal) dargestellt.

Das duale Zahlemsystem hat als Basis 2. Es können also zwei Zustände dargestellt werden. Anschließend erfolgt ein Übertrag in die nächste Stelle.

Hier ein Beispiel mit einem Nibble. Ein Nibble ist eine Datenmenge, die 4 Bits umfasst. Ein Nibble wird auch Halb Byte, Tetrade oder Quadrupel genannt.

Binärzahl: **1010**

Die Basis einer dualen Zahl ist 2. Somit wird jede Stelle von rechts beginnend mit der Basis 2 hoch (x) gerechnet. Die Hochzahl (x) beginnt an der kleinsten Stelle mit 0.

Damit lässt sich die Binärzahl 1010 wie folgt berechnen:

$$1 * 2^3 + 0 * 2^2 + 1 * 2^1 + 0 * 2^0$$

(2 hoch 3 = 8) +(2hoch 1 = 2) → 8+2 = 10

Einfacher ist es, wenn man sich die Wertigkeit der ersten acht Bits (8 Bits = 1 Byte) merkt.

7.Bit	6.Bit	5.Bit	4.Bit	3.Bit	2.Bit	1.Bit	0.Bit
128	64	32	16	8	4	2	1

Beispiel:
Ein Byte mit der Binärzahl **1001 0111** soll in die entsprechende Dezimalzahl umgerechnet werden. Für jede **1** wird an der jeweiligen Stelle der dezimale Wert übernommen. Für das Ergebnis werden nun alle einzelnen Werte addiert.

$128 + 16 + 4 + 2 + 1 = \textbf{151}_{dez}$

Etwas schwieriger wird die Umrechnung von einer Dezimal- in eine Binärzahl. Hier kann ebenfalls die Tabelle verwendet werden. Man teilt die Dezimalzahl entsprechend der Wertigkeit der einzelnen Bits auf.

Beispiel:
Die Dezimalzahl 200 soll in eine Binärzahl umgerechnet werden. Dabei beginnt man mit dem höchsten Bitwert, der in die Dezimalzahl passt und summiert die nächsten Stellen auf, bis 200 erreicht wird. In diesem Fall also **128 + 64 + 8**.

Die Binärzahl lautet:**1100 1000**

Eine andere Möglichkeit ist die Berechnung nach dem Horner-Schema. Hierbei wird die Dezimalzahl solange durch zwei geteilt, bis die zu teilende Zahl null ist. Ein bei der Division entstehender Rest ergibt die Binärzahl.

Beispiel:
Die Dezimalzahl 6 ist in die entsprechende Binärzahl umzuwandeln.

6 : 2	= 3	Rest **0**
3 : 2	= 1	Rest **1**
1 : 2	= 0	Rest **1**

Ergebnis: **110**

Beispiel:
Die Dezimalzahl 36 ist in die entsprechende Binärzahl umzuwandeln.

36: 2	= 18	Rest **0**
18 : 2	= 9	Rest**0**
9 : 2	= 4	Rest **1**
4 : 2	= 2	Rest **0**
2 : 2	= 1	Rest **0**
1 : 2	= 0	Rest **1**

Ergebnis: **100100**

Wie anfangs erwähnt, können auch negative Zahlen binär dargestellt werden. Um negative Zahlen darzustellen, wird in der Informatik das sogenannte Zweierkomplement verwendet.

Da ein Computer kein + und − Zeichen kennt, wird ein negatives Vorzeichen mit einer 1 im höchstwertigen Bit dargestellt. Da dieses Bit für das Vorzeichen verwendet wird, kann man mit einem Byte nur mehr Werte von -128 bis + 127 darstellen. Bei einem vorzeichenlosen Byte sind 255 (positive) Werte möglich.

bei 8 Bit: −128   bis   +127
bei 16 Bit: −32768   bis   +32767
bei 32 Bit: −2147483648   bis   +2147483647
bei 64 Bit: −9223372036854775808   bis   +9223372036854775807

Die folgende Tabelle soll eine Übersicht über positive und negative Zahlen darstellen.

Binärzahl	Interpretation als Zweierkomplement	Interpretation als vorzeichenlose Zahl
00000000	0	0
00000001	1	1
...	...	...
01111110	126	126
01111111	127	127
10000000	-128	128
10000001	-127	129
10000010	-126	130
...	...	...
11111110	-2	254
11111111	-1	255

Beispiel:

Mit Hilfe des Zweierkomplements wird aus einer positiven Zahl 5 eine negative Zahl -5 binär dargestellt.

```
5 =      0101
         1010      (alle Werte negieren = Einerkomplement)
         +    1    ( + 1 addieren um das Zweierkomplement zu bilden)
         1011      = -5
```

Wie im dezimalen Zahlensystem kann man natürlich auch im binären Zahlensystem addieren, subtrahieren, multiplizieren etc. Doch soweit wollen wir hier nicht in die Materie der Zahlensysteme eintauchen.

1.10 Das hexadezimale Zahlensystem

Wie bereits im binären Zahlensystem kurz aufgezeigt, hat das hexadezimale Zahlensystem die Basis 16. Für die Zahlen 0 bis 9 werden die Ziffern 0 bis 9 verwendet. Für die restlichen sechs werden die ersten Buchstaben des Alphabets (A bis F) verwendet.

Beispiele:

Dezimalzahl	Hexadezimalzahl	Dezimalzahl	Hexadezimalzahl
5	5	170	AA
9	9	255	FF
12	C	256	100
15	F	257	101
16	10	1024	400
17	11	2048	800
18	12	32768	8000
28	1C	65535	FFFF

Das hexadezimale Zahlensystem findet vor allem in der Programmierung von Mikrocontrollern seine Anwendung.
Die Umrechnung funktioniert wie im binären Zahlensystem. Der Unterschied ist nur, dass die Basis nicht 2 sondern 16 ist.

Beispiel:
Umrechnung von **18E7** nach Dezimal.

$$1 * 16^3 + 8 * 16^2 + 14 * 16^1 + 7 * 16^0$$

4096 + 2048 + 224 +7 = **6375**

1.11 Bits, Bytes und Kilobytes

Die kleinste darstellbare Information ist ein Bit. Dieses Bit kann zwei Zustände (0 oder 1) aufnehmen. Die Binärzahl 10100011 hat demnach 8 Bits.

Die nächst größere Maßeinheit ist ein Byte. Ein Byte besteht aus 8 Bits. Mit einem Byte kann man 2^8 verschiedene Binärzahlen darstellen. Bei zwei Bytes (16 Bits) können bereits 2^{16} (56536) verschiedene Binärzahlen dargestellt werden. Um größere Datenmengen zu beschreiben, verwendet man auch entsprechend größere Maßeinheiten.

Um zwischen Byte und Kilobyte umzurechnen wird in der Informatik der Faktor 1024 herangezogen. 1 Kilobyte (kB) ist also 1024 Bytes groß. Nachfolgend eine Übersicht über größere Maßeinheiten und deren Abkürzungen.

1 Byte		= 8 Bit
1 Kilobyte	kB	= 1024 Bytes
1 Megabyte	MB	= 1024 Kilobytes
1 Gigabyte	GB	= 1024 Megabytes
1 Terrabyte	TB	= 1024 Gigabytes
1 Petabyte	PT	= 1024 Terabytes
1 Exabyte	EB	= 1024 Petabytes
1 Zettabyte	ZB	= 1024 Exabytes
1 Yottabyte	YB	= 1024 Zettabytes

2. Variablen

Um mit Variablen zu arbeiten, müssen wir Variablen zuerst zuweisen (deklarieren). Das bedeutet, wir müssen für unsere Variablen einen Speicherplatz reservieren. Jede Variable muss einen eindeutigen und gültigen Variablennamen besitzen.

Ein Variablenname kann aus Buchstaben, Ziffern und dem _ Unterstrich bestehen. Beachten Sie aber, dass das erste Zeichen eines Variablennamens keine Ziffer sein darf.

! Die Programmiersprache C ist "**case sensitive**".

Das bedeutet, dass zwischen Groß- und Kleinschreibung unterschieden wird. Der Variablenname **zahl1** ist daher nicht gleich dem Variablennamen **Zahl1**!

Der Variablenname darf natürlich auch kein C-Schlüsselwort sein. Die Namensgebung von Variablen sollte also gut überlegt sein und der Name sollte auch eine Aussagekraft enthalten damit der Code leichter leserlich ist.

Um einen aussagekräftigen Namen zu erstellen, wird meist ein Unterstrich für die Verbindung der Namen verwendet.

Beispiel:
Sie möchten eine Variable deklarieren, die den aktuellen Preis eines Autos speichert. Sinnvolle Deklarationen könnten z.B. wie folgt aussehen:

```
int preisAuto = 35000;
int preisauto = 35000;
int Preis_Auto = 35000;
int preis_Auto = 35000;
```

Üblicherweise beginnt aber ein Variablenname lt. Konvention in C steht's mit einem Kleinbuchstaben.

2.1 Deklaration, Definition und Initialisierung von Variablen

Deklaration
Von einer Variablendeklaration sprechen wir, wenn wir dem Compiler eine Variable bekannt machen.

Definition
Bei der Definition wird einer Variablen ein Speicherplatz zugeteilt. Dieser Speicherplatz hat eine eindeutige Adresse und speichert die Werte des entsprechenden Datentyps ab. Das heißt, dass wir mit dem Variablennamen eigentlich einen Speicherplatz ansprechen. Bisher haben wir mit der Erstellung einer Variablen eine Deklaration und Definition durchgeführt. Die Zuweisung einer Speicheradresse hat für uns der Compiler automatisch übernommen.

Beispiel:
Definition und Deklaration der Variablen **zeichen** vom Datentyp **char**

```
char zeichen;
```

Definition und Deklaration **mehrerer** Variablen vom Datentyp **int**

```
int zahl1, zahl2, zahl3;
```

Initialisierung
Wurde eine Variable deklariert und definiert, so hat sie in diesem Moment einen beliebigen (was gerade im zugeteilten Speicherplatz steht) Wert. Wird einer Variablen vor ihrer erstmaligen Verwendung ohnehin ein entsprechender Wert zugewiesen, kann man sich die Initialisierung sparen. Aus Sicht der Fehlervermeidung sollte aber jeder Variablen ein Startwert zugewiesen werden.

Beispiel:
Initialisierung mehrerer Variablen

```
int zahl1 = 0, zahl2 = 5, zahl3 = 100;
```

Variablen speichern also Zahlen, Buchstaben oder Zeichenketten und stellen sie dem Programm zur Verfügung. Jede Variable ist von einem bestimmten Datentyp, der angibt, welche Art von Information die Variable speichern soll.

Beispiel:
Der Variablen mit dem Namen **Sum** wird der Inhalt von Variable **a** + Variable **b** zugeordnet.

In **Sum** wird der Wert **12** gespeichert. Da in diesem Fall die Variablen ganzzahlige Werte enthalten, müssen wir die Variablen richtig deklarieren, also einem ganzzahligen Datentyp wie z.B. Integer zuordnen. Die Variable Sum hat nun solange den Wert 12, bis ihr ein neuer Wert zugewiesen wird.

```c
#include <stdio.h>

int main (void)
{
    int a = 2, b = 5, sum;
    sum = a + b;
    printf("Die Summe aus %i + %i = %i",a,b,sum);
    return 0;
}
```

Anstelle der Variablen werden unter **printf()** sogenannte **Platzhalter** oder **Formatelemente** (**%i, %d, %f** usw.) eingefügt.

An diesen Stellen wird der Inhalt der Variablen ausgegeben, die sich nach dem Ausführungszeichen befinden. Beginnend mit der ersten Variablen werden die nachfolgenden mit einem Beistrich getrennt. Der erste Platzhalter im letzten Beispiel steht also für den Inhalt der Variablen a, der zweite für b und der dritte für sum.

Nach dem Platzhalterzeichen **%** folgt das Formatzeichen (z.B. i, d, f usw.). Das Formatzeichen bestimmt, in welchem Datenformat (i=Integer, d=Dezimal, f=Float usw.) der Inhalt einer Variablen ausgegeben werden soll. Im Abschnitt Datentypen erfahren Sie hierzu genaueres.

Die Programmiersprache C verfügt über einen festen Wortschatz von Befehlen (**Schlüsselwörter**). Solche Schlüsselwörter dürfen natürlich **nicht** als Variablennamen verwendet werden, weil sonst der C-Compiler nicht entscheiden kann, ob nun ein Schlüsselwort oder eine Variable gemeint ist.

Schlüsselwörter müssen immer **klein** geschrieben werden.

Hier eine Tabelle der Schlüsselwörter in C:

auto	break	case	char	const	continue	default	do
double	else	enum	extern	float	for	goto	if
int	long	register	return	short	signed	sizeof	static
struct	switch	typedef	union	unsigned	void	volatile	while

Im Folgenden ein C-Programm, welches den Wert von zwei Variablen vertauscht. Mit einer „Hilfsvariablen" wird ein Wert zwischengespeichert.

```c
#include <stdio.h>

int main (void)
{
    int a = 2, b = 5, hilf;

    printf("Die Variable a = %i und b = %i",a,b);

    hilf = a;
    a = b;
    b = hilf;

    printf("\nDie Variable a = %i und b = %i",a,b);
    return 0;
}
```

```
c:\documents\visual studio 2010\Pro
Die Variable a = 2 und b = 5
Die Variable a = 5 und b = 2
```

2.2 Konstanten

Es kommt öfters vor, dass man einen bestimmten konstanten Wert in einem Programm öfters benötigt. Konstanten werden einmal initialisiert und sind dann unveränderliche Variablen. Eine Konstante wird mit dem Schlüsselwort *const* deklariert.

! Ein einmal gespeicherter Wert kann innerhalb des Programmes nicht mehr verändert werden.

Dies macht vor allem dann Sinn, wenn es gilt, Werte vor irrtümlicher Veränderung zu schützen.

Beispielsweise der Wert der Kreiszahl π (PI). Die Kreiszahl π hat immer den eindeutigen Wert 3,14159265... usw. Es würde keinen Sinn ergeben, diese Zahl ändern zu wollen.

Ein anderer Fall wäre z.B. die Umsatzsteuer. Würde sich die Umsatzsteuer ändern, dann müsste man nur die Konstante beispielsweise von 20 auf 25 ändern und damit gilt dieser neue Wert an allen Stellen des Programmes an denen die Umsatzsteuer berechnet wird.

Namen von Konstanten werden wie in C üblich mit Großbuchstaben geschrieben.

Beispiel:

```c
const float PI = 3.14159265;
const float UMSATZSTEUER = 20;
```

2.3 Programmbeispiel Umfang und Fläche eines Kreises

Hier ein Programm, welches den Umfang und die Fläche eines Kreises berechnet und am Bildschirm ausgibt. Für die Kreiszahl π und den Radius **r** wird eine Konstante vom Datentyp double verwendet.

Umfang: $U = 2 * r * \pi$

Fläche: $A = r^2 * \pi$

```c
#include <stdio.h>
// Eine Konstante mit dem Namen PI vom Typ double wird deklariert
const double PI = 3.1415926;

int main(void)
{
    // Eine Konstante mit dem Namen RADIUS vom Typ double wird deklariert
    const double RADIUS = 4;
    double umfang, flaeche;

    umfang = 2 * RADIUS * PI;
    flaeche = RADIUS * RADIUS * PI;

    printf("Umfang des Kreises: %lf",umfang);
    printf("\nFlaeche des Kreises: %lf",flaeche);

    getchar();
    return 0;
}
```

```
c:\documents\visual studio 2010\Projects\test_1\Debug\test_1.exe
Umfang des Kreises: 25.132741
Flaeche des Kreises: 50.265482
```

2.4 Symbolische Konstanten

Im Gegensatz zu Variablen, können sich konstante Werte während ihrer gesamten Lebensdauer nicht ändern. Dies ist sinnvoll, wenn Konstanten am Anfang des Programms definiert und geändert werden können

Ein Beispiel ist die Mehrwertsteuer. Wird sie erhöht oder gesenkt, (eher ersteres) so muss sie nur an einer einzigen Stelle des Programms geändert werden.

Eine symbolische Konstante wird mit der Präprozessoranweisung #define eingefügt.
Beispiel:

```
#define MWST 20   // Diese Anweisung wird nicht durch ein ; abgeschlossen!
```

Durch diese Anweisung wird MWST durch den Wert 20 ersetzt. Ausgenommen sind Zeichenketten, die durch Hochkomma eingeschlossen sind.
Die Großschreibung für Konstanten ist zwar nicht vorgeschrieben, wird aber von den meisten Programmierern so gehandhabt.

Eine weitere Möglichkeit Konstanten zu definieren bietet wie im vorherigen Kapitel beschrieben das Schlüsselwort *const*. Ein Nachteil von *define* ist, dass dem Compiler der Typ der Konstanten nicht bekannt ist und das kann zu einem Fehler führen, der erst zur Laufzeit des Programms auftritt.

! Die Variante Konstanten mit *const* zu definieren ist also immer vorzuziehen, da sie eine sichere Variante ist und auch die Compilergeschwindigkeit erhöht.

Wird einmal eine Konstante mit *const* definiert, kann ihr in weiterer Folge im Pragramm kein neuer Wert zugewiesen werden.

Beispiel:

```
#include <stdio.h>

int main(void)
{
   const double MWST = 20;
   double betrag;

   printf("Bitte geben Sie den Verkaufspreis ein \n");
   scanf("%lf", &betrag);

   printf("Der Nettobetrag = %.2lf\n", betrag/1.2);
   printf("Die MwSt = %.2lf\n", betrag - (betrag/1.2));

   MWST = 25;   // Das ist nicht erlaubt!
   return 0;
}
```

Die Konstante MWST hat hier den Wert 20. Eine erneute Zuweisung wie hier in der letzten Zeile ist nicht erlaubt und wird vom Compiler verhindert.

2.5 Sichtbarkeit und Lebensdauer von Variablen

Im Grunde genommen könnte es dem Programmierer egal sein, wo seine Variablen gespeichert werden. Er greift auf die Daten nur über die symbolischen Namen zu, und der Rest ist Sache des Compilers. Allerdings ist der Ort, an dem Variablen gespeichert werden, in vielen

Programmiersprachen, so auch in C, eng mit zwei Fragen verbunden, die auch der Programmierer beachten muss.

- **Der Sichtbarkeit oder Gültigkeit von Variablen**
  Manche Variablen können im ganzen Programm benutzt werden. Andere können nur innerhalb eines kleinen Bereichs des Programms benutzt werden und sind im Rest des Programms unbekannt.

- **Die Lebensdauer von Variablen**
  Manche Variablen existieren solange das Programm läuft, andere Variablen werden automatisch zerstört. C kennt wie die meisten Programmiersprachen im Wesentlichen drei Arten um Variable zu speichern:

  globale, lokale und **statische** Variablen.

2.5.1   Globale Variablen

Beim Start eines Programmes wird immer auch ein globaler Datenbereich angelegt, der bis zum Programmende bestehen bleibt. In diesem Bereich sind alle Variablen, die im gesamten Programm verfügbar sind, die globalen Variablen, die für den Linker überall sichtbar sind.

Früher wurden fast allen Daten eines Programms in diesem Bereich abgelegt. Dies hat aber, vor allem bei großen Programmen, erhebliche Nachteile.

Heute wird mit globalen Variablen sehr sparsam umgegangen und oft sind auch keine globalen Variablen nötig.

! In C erzeugt man globale Variablen, indem man sie **außerhalb** jeder Funktion deklariert (auch außerhalb von main()).

Beispiel:

```
int i=2;        // Globale Variable i

void addiere(void)
{
   i = i + 4;   // i ist in der Funktion addiere() sichtbar
}

int main(void)
{
   i++;         // i ist in der Funktion main() sichtbar
}
```

2.5.2 Lokale Variablen

Variablen sind nur nach der Deklaration und nur innerhalb des Blocks { } gültig, in dem sie definiert wurden. Lokale Variablen, sind Variablen, die in der aufgerufenen Funktion deklariert werden.

Die Sichtbarkeit von Variablen wird durch die Deklaration von Variablen gleichen Namens eingeschränkt. Für den Sichtbarkeitsbereich der inneren Variablen ist die äußere (auch globale) unsichtbar. Die Lebenszeit Lokaler Variablen erlischt am Ende des Blocks.

Beispiel:

```c
#include<stdio.h>

void berechnung(int x)   //Funktion berechnung() in x wird der von der aufrufenden Funktion
übergebene Wert gespeichert
{
   x = x + 10;
   printf("Zahl in der Funktion = %i\n", x);
}

int main(void)           //Funktion main()
{
   int zahl = 10;

   printf("Zahl in main = %i\n", zahl);

   berechnung(zahl);     //Ruft die Funktion 'berechnung' auf und übergibt den Wert von zahl
an x

   printf("Zahl in main =%i\n", zahl);

   return 0;
}
```

```
C:\WINXP\system32\cmd.exe
Zahl in main = 10
Zahl in der Funktion = 20
Zahl in main =10
Drücken Sie eine beliebige Taste . . .
```

1. Der Wert von zahl wird in main() ausgegeben, anschließend an die Funktion berechnung() übergeben und in x kopiert
2. x wird als Berechnung in der Funktion um 10 erhöht. Ausgabe = 20. Der Wert von x gilt nur lokal in der Funktion und hat auf die Variable zahl keinerlei Auswirkung.
3. Rücksprung in main und Ausgabe von 10.

Diesen Vorgang kann man sehr gut beim Debuggen (F11) des Programms nachvollziehen. Die beiden Speicheradressen von zahl und x sind unterschiedlich.

Überwachen 1			
Name	Wert	Typ	
● zahl	10	int	
⊞ ● &zahl	0x0013ff60	int *	
● x	20	int	
⊞ ● &x	0x0013fe8c	int *	

2.5.3 Statische Variablen

Eine statische Variable wird mit dem Schlüsselwort *static* genau einmal im statischen Datenbereich angelegt.

Eine solche statische Variable ist sozusagen das "Gedächtnis" einer Funktion, da sie ihren Wert auch nach dem Verlassen und bis zum nächsten Funktionsaufruf behält. Dies unterscheidet sie von lokalen Variablen, die auf dem Stack erzeugt und beim Verlassen der Funktion zerstört werden. Statische Variablen werden beim ersten Betreten der Funktion angelegt.

Beispiel:

```
static int x = 1;
```

Im folgenden Beispiel wird unter *main()* die Funktion *zaehler1()* gefolgt von der Funktion *zaehler2()* drei mal hintereinander aufgerufen. In der Funktion zaehler1() wird i als *int* und in der Funktion zaehler2() wird i als *static int* deklariert.

Nach jedem Funktionsaufruf von *zaehler1()* wird i erneut deklariert und beim Verlassen der Funktion wieder zerstört. Daher wird bei jedem Funktionsaufruf die Zahl 1 ausgegeben.

Bei einem Funktionsaufruf von *zaehler2()* wird i beim ersten Aufruf als statische Variable mit 1 initialisiert. Danach wird der Wert von i bei jedem Funktionsaufruf um 1 erhöht. Die Variable i behält diesen Wert, weil eine statische Variable einen festen Speicherbereich verwendet und während des gesamten Programms beibehält.

```
#include <stdio.h>

void zaehler1(void)
{
    int i = 1;
    printf("i = %d\n",i);
    i++;
}

void zaehler2(void)
{
    static int i = 1;
    printf("i = %d\n",i);
    i++;
}
```

```
int main(void)
{
    zaehler1();
    zaehler1();
    zaehler1();

    zaehler2();
    zaehler2();
    zaehler2();

    getchar();
    return 0;
}
```

! Statische Variablen belegen einen festen Speicherbereich während des gesamten Programms. Aus diesem Grund wird eine statische Variable beim Verlassen einer Funktion nicht zestört, sondern behält ihren Wert.

3. Datentypen

Da C eine vergleichsweise einfache Sprache ist, kennt sie auch nur 4 Datentypen: Diese sind **char**, **int**, **float** und **double**. Diese Grunddatentypen können aber noch qualifiziert werden.

Datentypen legen in einer Programmiersprache exakte Bereiche für z.B. eine Zahl fest. Der Datentyp **int** (Integer) muss, gemäß ANSI C, mindestens eine Größe von zwei Byte aufweisen. Damit lässt sich ein Zahlenbereich von **-32768** bis **+32767** beschreiben. Mit dem Datentyp **int** lassen sich **nur Ganzzahlen** darstellen.

Diese Festlegung hat aber auch betriebssystemspezifische Eigenheiten. Auf 16-Bit-Systemen trifft das eben Gesagte zu. Dort ist ein Integer auch wirklich zwei Bytes groß. Da 16-Bit-Systeme besonders im PC-Bereich veraltet sind, sehen die Zahlenbereiche bei 32-Bit-Systemen oder 64-Bit-Systemen schon ganz anders aus.

Denken Sie aber daran, dass es auch noch andere Programmierplattformen neben Linux und MS Windows gibt. Besonders sind hier die Embedded Systems und Mikrocontroller hervorzuheben, wo C seine Stärken ausspielen kann! In diesen Bereichen gibt es viele Anwendungen, die mit einem 16-Bit-System vollkommen ihr Auslangen finden.

Linux, Windows (ab Windows 95) und Macintosh sind alles 32-Bit-Betriebssysteme. 32 Bit entsprechen vier Byte. Damit erstreckt sich der Zahlenbereich bei 32-Bit-Systemen von **-2147483648** bis **+2147483647**.

Unterscheidung der 4 elementaren Datentypen:

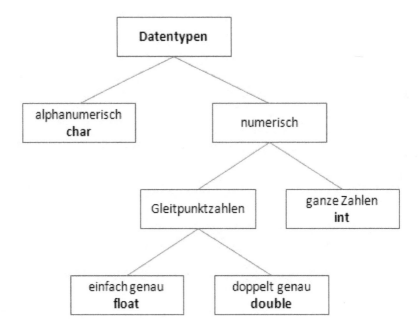

Da wir mit unseren Programmen permanent Daten verarbeiten und berechnen, ist es notwendig, dem PC die entsprechenden Datentypen mitzuteilen. Im Folgenden werden die Datentypen vorgestellt, die für die Programmierung in C elementar sind. Besonders wenn wir mit Variablen arbeiten, benötigen wir dafür die entsprechenden Datentypen. Um den richtigen Datentypen auszuwählen müssen Sie sich zuvor die Frage stellen, was möchte ich speichern oder verarbeiten?

Die zu verarbeitenden Daten können sein:

- Zeichen
- Zahlen
- Text
- Zahlen mit Komma

Je nach ihrer Verwendung werden Datentypen zielgenau eingesetzt. Aber hier ist auch eine gewisse Vorsicht geboten, denn der Datentyp **ganze Zahlen** kann z.B. keine Buchstaben oder Zahlen mit Komma aufnehmen.

Auch die Größe des Zahlenbereichs muss zuvor bedacht werden. Man muss sich also die Frage stellen, wie groß kann die zu verarbeitende Zahl maximal werden?

Dabei ist die Anzahl der Bit, die zur Abspeicherung z.B. eines Integer-Wertes zur Verfügung stehen wesentlich. Übliche Werte für 16Bit sind zwei Byte, bei 32Bit vier Byte und bei 64Bit acht Byte.

Der Wertebereich eines Datentypen ist also abhängig vom verwendeten C-System! Eventuell ist der Wertebereich über eine Compiler-Option einstellbar, es existiert dann eine Voreinstellung.

In C existieren Datentypen-Varianten bei denen negative Zahlen als Werte ausgeschlossen sind. Diese Datentypen werden mit dem Schlüsselwort **unsigned** deklariert. Z.B. **unsigned int**.

Hier eine Kurzübersicht der wichtigsten Datentypen und deren Formatzeichen:

char (%d oder **%c)**

Dieser Datentyp hat eine Größe von 1 Byte und repräsentiert **Zeichen**. Es kann genau **ein Zeichen** des ASCII-Zeichenvorrats gespeichert werden.

int (%d oder **%i)**

Dieser Datentyp hat bei 16-Bit-Rechnern eine Größe von 2 Byte und repräsentiert **ganze Zahlen**. Damit lässt sich ein Zahlenbereich von **-32768** bis **+32767** darstellen. Bei 32-Bit-Rechnern werden für Integer 4 Byte bereitgestellt.

short (%d oder **%i)**

Dieser Datentyp hat eine Größe von 2 Byte und wird verwendet, wenn es darum geht, kleine Zahlen zu verarbeiten. Der Zahlenbereich erstreckt sich von **–32768** bis **+32767**.

long (%ld oder **%li)**

Dieser Datentyp hat eine Größe von 4 Byte und repräsentiert **ganze Zahlen**. Damit erstreckt sich der Zahlenbereich von mindestens **-2147483648** bis **+2147483647**.

float(%f)

Dieser Datentyp hat eine Größe von mindestens 4 Byte und repräsentiert **Gleitpunktzahlen** mit einfacher Genauigkeit. Die Rundung erfolgt hier auf 6 signifikante Stellen. Die Zahl 1234,56 zB. wird ab der 3. Nachkommastelle gerundet und die Zahl 12,3456 ab der 5. Nachkommastelle. Der Typ **float** ist also ungeeignet für kaufmännische und genaue wissenschaftliche Berechnungen. Der Wertebereich erstreckt sich von mindestens **1.2E-38** bis **3.4E+38**.

double (%lf)

Dieser Datentyp hat eine Größe von mindestens 8 Byte und repräsentiert **Gleitpunktzahlen** mit doppelter Genauigkeit. Der Wertebereich erstreckt sich von mindestens **2.3E-308 bis 1.7E+308**. Die Rundung erfolgt hier auf 15 signifikante Stellen.

3.1 Datentypen Beispiele

char (%d oder **%c)**

Wie der Name **char** sagt, können wir damit Zeichen speichern. Welche Zeichen es gibt, ist in der **ASCII-Tabelle** festgelegt. Der ASCII-Zeichenvorrat ist standardisiert und somit für alle Programmierer weltweit gleich. Die ASCII-Tabelle finden Sie im Anhang dieses Buches oder Sie laden sich die Tabelle aus dem Internet herunter. Aus dem folgenden Ausschnitt der Tabelle sehen Sie, dass jedes Zeichen einen eigenen Code besitzt. So hat z.B. das Zeichen "A" den Code 65 und das Zeichen "!" den Code 33.

Der Datentyp **char** kann aber auch auf eine völlig andere Art verwendet werden, beispielsweise um kleinere Ganzzahlen zu verarbeiten. **Char** hat eine Größe von 1 Byte und damit lassen sich 256 verschiedene Werte darstellen. Der Wertebereich des Datentyps **char** ist daher relativ klein. Es lassen sich Werte von -128 bis +127 oder ohne Vorzeichen, Werte von 0 bis 255 darstellen. Zeichen wie z.B. A,B,C,!,?,#,$ usw. werden unter Hochkomma gesetzt.

Hier ein Ausschnitt aus einer ASCII-Tabelle:

Dec	Hx	Oct	Html	Chr	Dec	Hx	Oct	Html	Chr
32	20	040	 	Space	64	40	100	@	@
33	21	041	!	!	65	41	101	A	A
34	22	042	"	"	66	42	102	B	B
35	23	043	#	#	67	43	103	C	C
36	24	044	$	$	68	44	104	D	D
37	25	045	%	%	69	45	105	E	E

Im nächsten Beispiel soll mit Hilfe zweier Variablen (a und b) vom Datentyp **char** dessen Inhalt mit *printf()* ausgegeben werden. Zuerst wird in Variable a das Zeichen A (unter Hochkomma) gespeichert. Anschließend wird in Variable b der ASCII-Code für das Zeichen A (Code = 65) gespeichert.

```c
#include <stdio.h>

int main(void)
{
    char a,b;
    a = 'A';
    b = 65;
    printf("Inhalt von a = %c\n",a);
    printf("Inhalt von b = %c\n",b);
    getchar();   //An dieser Stelle auf eine Tastatureingabe warten
    return 0;
}
```

```
■ c:\documents\visual studio 2010\Projects\test_1\Debug\test_1.exe
Inhalt von a = A
Inhalt von b = A
```

Wie Sie sehen, ist das Ergebnis gleich. Beachten Sie bitte, dass eine char Variable nur ein Zeichen speichern kann! Möchte man beispielsweise die Zahl 42 in **Dezimalnotation** ausgeben, muss man mittels *printf()* das Formatelement **%d** angeben. Soll der Wert als Zeichen ausgegeben werden, verwendet man das Formatelement **%c**.

int (%d oder%i)

Gemäß ANSI C muss der Datentyp **int** mindestens eine Größe von 2 Byte haben. Damit lässt sich ein Zahlenbereich von **-32768** bis **+32767** darstellen. Für 16-Bit-System trifft dies auch zu. Hier ist ein **int** auch tatsächlich 2 Byte groß.

Bei einem 32-Bit-System hat ein **int** eine Größe von 4 Byte und damit ändert sich auch der Zahlenbereich entsprechend von   **-2147483648** bis **+2147483647**. Somit hat ein **int** eine dem Computersystem entsprechende Größe.

Mit dem folgenden Programm und dem Operator *sizeof()* können Sie prüfen, welchen Wertebereich ein **int** auf Ihrem System hat.

```
#include <stdio.h>
#include <limits.h>  // Headerfile für INT_MIN und INT_MAX

int main(void)
{
    printf("Groesse int: %d Byte\n", sizeof( int ));
    printf("Wertebereich von %d bis %d\n", INT_MIN, INT_MAX);
    getchar();
    return 0;
}
```

```
c:\documents\visual studio 2010\Projects\test_1\Debug\test_1.exe
Groesse int: 4 Byte
Wertebereich von -2147483648 bis 2147483647
```

INT_MIN und **INT_MAX** sind Konstanten und in der Headerdatei <stdio.h> mit jenen Werten deklariert, die auf Ihrem System für den Datentyp **int** gelten.

long (%ld oder %li)

Der Datentyp **long** entspricht dem Datentyp **int** und hat bei 16-Bit-Systemen einen größeren Zahlenbereich. **Long** ist demnach nichts anderes als ein **int** mit größerem Wertebereich. Für 32-Bit-System hat **long** denselben Wertebereich wie ein **int**. Was macht das für einen Sinn? Diesen Datentyp gibt es aus Gründen der Kompatibilität. Das ist notwendig, damit Programme, die auf einem 16-Bit-System geschrieben wurden auch auf einem 32-Bit-System laufen. Für den umgekehrten Fall gilt das ebenso.

Soll ein Programm auf einem 32-Bit-System programmiert und anschließend auf ein 16-Bit-System portiert werden, müssen Sie **long** verwenden. Eine zu große Zahl würde ansonsten von einem 16-Bit-System falsch interpretiert werden, da ein **int** bei einem 32-Bit-System einen anderen (größeren) Wertebereich aufweist.

Möchten Sie Programme für 16- und 32-Bit-Systeme schreiben, verwenden Sie für Ganzzahlige Datentypen ausschließlich **short** und **long** und verzichten auf **int**.

long long (%lld oder %llioder llu)

Seit dem C99-Standard ist der erweiterte Datentyp **long long** definiert. Der Datentyp ist 8 Byte (64 Bit) breit und hat einen Wertebereich von **- 9223372036854755808** bis **+ 9223372036854755807**. Für positive Zahlen gibt es **unsigned long long** (%llu). Der Wertebereich erstreckt sich hier von **0** bis **18446744073709551615**.

float, double, long double (%f, %lf, Lf)

Float, **double** und **long double** sind sogenannte Gleitpunkttypen (engl. Floatingpoints). Diese Datentypen ermöglichen eine Berechnung mit Nachkommastellen. Die einzelnen Datentypen unterscheiden sich in ihrer Größe, dem Wertebereich und der Genauigkeit.

Datentyp	Größe	Wertebereich	Genauigkeit	Formatzeichen
float	4 Byte	1.2E-38 bis 3.4E+38	6-stellig	%f
double	8 Byte	2.3E-308 bis 1.7E+308	15-stellig	%lf
long double	10 Byte	3.4E-4932 bis 1.1E+4932	19-stellig	%Lf

Beachten Sie, dass hier Gleitpunkt- und nicht Gleitkommatypen verwendet werden. Da die Programmiersprache C in den USA entwickelt wurde, wird anstatt des in Europa üblichen Kommas ein Punkt verwendet.

Beispiel:

```
float zahl1 = 3,14;    // Falsch
float zahl2 = 1.414;   // Richtig
```

Hier ein Programmbeispiel, welches den Quotienten zweier Gleitpunktzahlen (zahl1 und zahl2) berechnet.

```
int main(void)
{
    float zahl1 = 5.23;
    float zahl2 = 2.12;
    float ergebnis;

    ergebnis = zahl1 / zahl2;
    printf("Der Quotient aus %f / %f = %f",zahl1, zahl2, ergebnis);
    getchar();
    return 0;
}
```

```
c:\documents\visual studio 2010\Projects\test_1\Debug\test_1.exe
Der Quotient aus 5.230000 / 2.120000 = 2.466981
```

Was bedeutet nun eine n-stellige Genauigkeit? Der Datentyp **float** besitzt eine Genauigkeit von sechs Stellen. Die Genauigkeit der Stellen bezieht sich aber auch auf jene Stellen, die sich vor dem Gleitpunkt befinden.
Dazu ein Beispiel. Die folgenden beiden Zahlen kann der Computer beim Datentyp **float** nicht mehr voneinander unterscheiden.

1234.56789
1234.56999

Hier besitzt die Zahl bereits vier Stellen vor dem Gleitpunkt und damit können nur mehr die beiden Stellen nach dem Gleitpunkt unterschieden werden. Diese beiden Stellen sind in beiden Fällen gleich. Alles was danach kommt wird nicht mehr unterschieden.
Bei einer sechsstelligen Genauigkeit werden die signifikanten Stellen also von links nach rechts gelesen. Exakte wissenschaftliche Berechnungen sind daher mit **float** nicht möglich.

Hier ein Programmbeispiel, welches EURO mit **float** und **double** berechnet:

```c
int main(void)
{
    float a = 1.12345;
    float euro_f = 10000.123;
    float euro_float = a * euro_f;

    double b = 1.12345;
    double euro_d = 10000.123;
    double euro_double = b * euro_d;

    printf("%f Euro mit float berechnet\n",euro_float);
    printf("%f Euro mit double berechnet\n",euro_double);
    getchar();
    return 0;
}
```

```
c:\documents\visual studio 2010\Projects\test_1\Debug\test_1.exe
11234.638672 Euro mit float berechnet
11234.638184 Euro mit double berechnet
```

Wie Sie sehen führt diese Berechnung bereits zu Ungenauigkeiten. Es werden zwei verschiedene Ergebnisse berechnet, welche im Fall von Berechnungen im Finanzgeschäft möglicherweise gravierende Auswirkungen haben können.

3.2 Typecasting (Typumwandlung)

Als **Typecasting** (Typumwandlung) wird in der Informatik die Umwandlung eines Datentyps in einen anderen bezeichnet. Dabei gibt es zwei Möglichkeiten, einen Datentyp zu ändern:

1. **Implizite Typumwandlung**
   Hier konvertiert der Compiler automatisch einen Datentyp in einen anderen. Wird z.B. einem int-Wert ein float-Wert zugewiesen, spricht man von einer impliziten Typumwandlung.

   Beispiel:

   ```
   #include <stdio.h>

   int main(void)
   {
       int float_to_int = 3.8;             // Nachkommateil wird hier nicht
   berücksichtigt

       char int_to_char = 1000;            // Höherwertige Bits werden abgeschnitten
       float char_to_float = 'A';
       float long_to_float = 123456789;

       printf("float to int : %d\n", float_to_int );
       printf("int to char  : %c\n", int_to_char );
       printf("char to float: %f\n", char_to_float );
       printf("long to float: %f\n", long_to_float );
       getchar();
       return 0;
   }
   ```

2. **Explizite Typumwandlung**
   Hier hat der Programmierer die Möglichkeit, die Konvertierung von Datentypen zu erzwingen. Dieser Vorgang ist auch immer zu empfehlen, da eine implizite Konvertierung oft zu unerwünschten Ergebnissen führen kann.

   Bei der expliziten Typumwandlung wird zuerst der Ausdruck ausgewertet und anschließend in den entsprechenden Datentyp umgewandelt.

   Syntax:

   ```
   (datentyp) ausdruck;
   ```

Beispiel einer impliziten und expliziten Typumwandlung:

```c
#include <stdio.h>

int main(void)
{
    int x = 5, y = 2;
    float z;

    z = x / y;                  // Implizite Typumwandlung
    printf("%f\n", z);          // z = 2.000000

    z = (float) x / (float) y;  // Explizite Datentypumwandlung
    printf("%f\n", z);          // z = 2.500000

    getchar();
    return 0;
}
```

Weitere Beispiele einer expliziten Typumwandlung:

```c
#include <stdio.h>

int main(void)
{
    int a=5, b=3;
    double x=3.5244, y;

    y = (double)a + (double)b;
    printf("Wert = %lf\n",y);
    y = (double)(a+b);
    printf("Wert = %lf\n",y);
    y = (double)a + x;
    printf("Wert = %lf\n",y);

    getchar();
    return 0;
}
```

```
c:\documents\visual studio 2010\Projects\test_1\Debug\test_1.exe
Wert = 8.000000
Wert = 8.000000
Wert = 8.524400
```

3.3 Typdefinition mit *typedef*

Mit dem Schlüsselwort **typedef** können für bestehende Datentypen neue Namen deklariert werden. Damit erlaubt es auch bei aufwendigen Deklarationen eine kurze und aussagekräftige Schreibweise zu finden. Die Syntax sieht wie folgt aus:

typedef *Datentyp Neuer_Name;*

Das folgende Beispiel erstellt einen Aliasnamen **uint** für den Datentyp **unsigned int**:

```
typedef unsigned int  uint;
```

uint kann nun als Synonym für **unsigned int** verwendet werden. Damit sind **uint** und **unsigned int** verschiedene Namen für einen Datentyp.

```
#include <stdio.h>

typedef unsigned int  uint;          // uint ist äquivalänt zu unsigned int

int main(void)
{
    unsigned int a=2;
    uint b=5, c;

    c = a + b;

    printf("Die Summe aus a + b = %d", c);

    getchar();
    return 0;
}
```

```
c:\documents\visual studio 2010
Die Summe aus a + b = 7
```

3.4 Das Speicherkonzept

Der Arbeitsspeicher RAM (temporärer Speicher) dient zur Aufnahme von Programmen und Daten. Damit ein Wiederauffinden der gespeicherten Informationen möglich ist wird der Arbeitsspeicher in Speicherzellen unterteilt, denen jeweils eine eindeutige Adresse zugeordnet ist. Der Programmierer braucht sich normalerweise um die Adressen der Speicherplätze der Variablen nicht zu kümmern.

Für Ihn sind Variablennamen gleichbedeutend mit Speicherplatz der passenden Größe. Der Rest ist Compilersache. C bietet dem Programmierer die Möglichkeit, auf die Adressen zuzugreifen. Dazu dient der Adressoperator (Referenzoperator) **&**.

Das folgende Beispiel gibt zunächst **die Adresse von x** und anschließend **den Inhalt von x** aus:

```
int main(void)
{
    int x=10;

    printf("Die Adresse von x = %p",x);
    printf("\nDer Inhalt von x = %i",x);
    getchar();
    return 0;
}
```

```
c:\documents\visual studio 2010\Projects\test_1\Debug\test_1.exe
Die Adresse von x = 0000000A
Der Inhalt von x = 10
```

Die Größe des Datentyps (in Byte) kann wie bereits bekannt, mit dem Operator *sizeof()* herausgefunden werden.

Beispiel:

```
int main(void)
{
    int a=10;
    char b='A';
    double c=12.345;

    printf("\nDie Groesse von a = %d",sizeof(a));
    printf("\nDie Groesse von b = %d",sizeof(b));
    printf("\nDie Groesse von c = %d",sizeof(c));

    getchar();
    return 0;
}
```

```
c:\documents\visual studio 2010\Projects\test_1\Debug\test_1.exe
Die Groesse von a = 4
Die Groesse von b = 1
Die Groesse von c = 8
```

Möchten Sie auch den jeweiligen Wertebereich der Datentypen wissen, müssen Sie das Headerfile `#include <limits.h>` einbinden und die Werte durch die beiden Konstanten des Headerfiles (`INT_MIN` und `INT_MAX`) ausgeben. Ein Programmbeispiel dazu finden Sie im Kapitel "Datentypen Beispiele".

4. Operatoren

C stellt einen großen Satz von Operatoren bereit, bei denen es sich um Symbole handelt, die angeben, welche Operationen in einem Ausdruck durchgeführt werden.

- (negatives Vorzeichen)

Gibt einem numerischen Wert ein negatives Vorzeichen.

```
int i = -5;  // i erhält den Wert -5
int n = -i;  // n erhält den Wert 5
```

+ (Addition)

Addiert die Werte zweier Operanden und gibt das Ergebnis zurück.

```
int i = 5;
int n = i + 7;
```

- (Subtraktion)

Subtrahiert die Werte zweier Operanden und gibt das Ergebnis zurück.

```
int i = 5;
int n = i - 7;
```

* (Multiplikation)

Multipliziert die Werte zweier Operanden und gibt das Ergebnis zurück.

```
int i = 5;
int n = 2 * i;
```

/ (Division)

Dividiert die Werte zweier Operanden und gibt das Ergebnis zurück.
Bei der Division von Ganzzahlen fällt ein eventueller Rest weg, wird also nicht gerundet.

```
int i = 10 / 3; // i erhält den Wert 3
```

% (Modulo)

Dividiert die Werte zweier Operanden und **gibt den Divisionsrest als Ergebnis zurück**. Dieser Operator kann **nur auf ganzzahlige Operanden** angewendet werden. Für negative Zahlen sollte man den Modulo Operanden nicht verwenden, da das Ergebnis vom Compiler abhängig ist.

```
10 % 3;   // Ergebnis = 1 → 10/3   = 3   + 1 Rest
9 % 3;    // Ergebnis = 0 → 9/3    = 3   + 0 Rest
5 % 3;    // Ergebnis = 2 → 5/3    = 1   + 2 Rest
```

4.1 Höhere Rechenoperatoren

Höhere Rechenoperationen wie Potenzieren, Wurzelziehen, Exponentialfunktionen usw. fehlen als Operator in C. Diese Operatoren werden über die Bibliotheksfunktion **math.h** realisiert. Um diese Funktion zu verwenden, muss sie als Präprozessor-Direktive mit eingebunden werden.

Beispiel:

```
#include <stdio.h>
#include <math.h>    // Einbinden der Bibliotheksfunktion math.h für höhere
Rechenoperationen

int main(void)
{
    double x=45;

    printf("\nDer Sinus von %lf = %lf",x,sin(x));
    printf("\nDer Cosinus von %lf = %lf",x,cos(x));
    printf("\nDer Tangens von %lf = %lf",x,tan(x));

    getchar();
    return 0;
}
```

Beachten Sie, dass die Winkelfunktionen in RAD (Radiant) berechnet werden.

```
c:\documents\visual studio 2010\Projects\test_1\Debug\test_1.exe

Der Sinus von 45.000000 = 0.850904
Der Cosinus von 45.000000 = 0.525322
Der Tangens von 45.000000 = 1.619775
```

In der folgenden Tabelle finden Sie einen Ausschnitt der mathematischen Funktionen von **math.h**. Die Werte **x** und **y** sind vom Typ **double**, das Argument **n** ist ein **int**-Wert, und alle Funktionen liefern als Ergebnis **double**.

double sin(double x)	Sinus von x
double cos(double x)	Kosinus von x
double tan(double x)	Tangens von x
double asin(double x)	arcsin(x) im Bereich [-p/2, p/2], x Î [-1, 1].
double acos(double x)	arccos(x) im Bereich [0, p], x Î [-1, 1].
double atan(double x)	arctan(x) im Bereich [-p/2, p/2].
double atan2(double x, double y)	arctan(y/x) im Bereich [-p, p].
double sinh(double x)	Sinus Hyperbolicus von x
double cosh(double x)	Cosinus Hyperbolicus von x
double tanh(double x)	Tangens Hyperbolicus von x
double exp(double x)	Exponentialfunktion e^x
double log(double x)	natürlicher Logarithmus ln(x), x > 0.
double log10(double x)	Logarithmus zur Basis 10 $\log_{10}$(x), x > 0.
double pow(double x, double y)	x^y. Ein Argumentfehler liegt vor bei **x**=0 und **y**<0, oder bei **x**<0 und y ist nicht ganzzahlig.
double sqrt(double x)	Wurzel von x, x >= 0.
double ceil(double x)	kleinster ganzzahliger Wert, der nicht kleiner als **x** ist, als **double**.
double floor (double x)	größter ganzzahliger Wert, der nicht größer als **x** ist, als **double**.
double fabs(double x)	absoluter Wert | x |

4.1.1 Programmbeispiel Quadratische Gleichung

In diesem Beispiel soll ein Programm zum Lösen einer quadratischen Gleichung geschrieben werden. Eine quadratische Gleichung hat die Form:

$$ax^2 + bx + c = 0$$

Daraus ergeben sich immer zwei Lösungen x1 und x2. Entsteht unter der Wurzel ein negativer Ausdruck, so spricht man von einer komplexen Lösung. Weiters ist zu beachten, dass a nicht 0 sein darf, da Sie ansonsten eine Division durch 0 hätten, was nicht erlaubt ist. Diese beiden Faktoren werden in diesem Beispiel aber vernachlässigt.

Die Lösungsformel für die allgemeine quadratische Gleichung lautet:

$$x_{1,2} = \frac{-b \pm \sqrt{b^2 - 4ac}}{2a}$$

Warum eine quadratische Gleichung zwei Lösungen hat, ist in der folgenden Darstellung der quadratischen Funktion $y = x^2$ sehr gut zu erkennen. In der Funktionstabelle ergibt sich für jeden x-Wert von -4 bis +4 der entsprechende y-Wert. Betrachten Sie den Wert für y = 4. Sie sehen, dass es für diesen y-Wert zwei x-Werte $(-2^2 = 4 \, und \, 2^2 = 4)$ gibt.

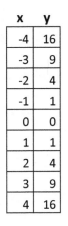

x	y
-4	16
-3	9
-2	4
-1	1
0	0
1	1
2	4
3	9
4	16

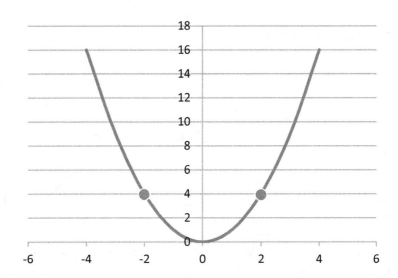

Um dieses Beispiel lösen zu können, benötigen wir die mathematische Funktion **sqrt()**. Mit **sqrt()** (engl. square root) für Quadratwurzel lässt sich die Quadratwurzel aus einer positiven Zahl ziehen. Alternativ könnte man auch die Funktion **pow()** verwenden. Diese Funktion wird verwendet, um Hochzahlen wie z.B. x^2 oder y^3 zu berechnen. Da die Wurzel einer Zahl nichts anderes als der Kehrwert der Hochzahl ist, könnte man z.B. die Quadratwurzel aus 16 auch mit $16^{\frac{1}{2}}$ berechnen. Um diese höheren Rechenoperatoren zu verwenden, müssen wir dazu die Headerdatei **<math.h>** einbinden. Beachten Sie, dass Sie für die höheren Rechenoperatoren den Datentyp **double** verwenden müssen.

Folgende Gleichung ist zu lösen: $x^2 - 5x + 6 = 0$

```
#include<stdio.h>
#include<math.h>

int main(void)
{
        double a=1,b=-5,c=6,x1,x2;

        printf("Dieses Programm berechnet die Loesungen einer quadratischen Gleichung\n");

        x1 = (-b + sqrt(b*b-4*a*c))/(2*a);
        x2 = (-b - sqrt(b*b-4*a*c))/(2*a);

        printf("\nDie Loesung fuer x1: %lf",x1);
        printf("\nDie Loesung fuer x2: %lf",x2);

        getchar();
        return 0;
}
```

```
Dieses Programm berechnet die Loesungen einer quadratischen Gleichung

Die Loesung fuer x1: 3.000000
Die Loesung fuer x2: 2.000000
```

4.2 Zuweisungsoperatoren

Ein Zuweisungsoperator liefert als Rückgabewert den Wert des rechten Operanden.

a = b

In a wird der Wert von b gespeichert. In C sind auch Mehrfachzuweisungen möglich.

a = b = c

Der Ausdruck wird von rechts nach links verknüpft und wie a = (b = c) abgearbeitet. Im ersten Schritt wird der rechte Ausdruck abgearbeitet und in b das Ergebnis von c gespeichert.

Nun wird der Rückgabewert von c in a abgelegt. Das Endergebnis ist somit a = c.

= (Zuweisung)	Weist seinem linken Operanden den Wert des rechten Operanden zu
a = b;	

4.2.1 Kombinierte Zuweisungsoperatoren

Kombinierte Zuweisungsoperatoren sind, wie der Name schon verrät, eine Kombination zweier Zuweisungsoperatoren. Zwischen den beiden Zeichen eines kombinierten Zuweisungsoperators darf sich kein Leerzeichen befinden.

Beispiele:

```
a += 1        // a = a + 1
a -= 1        // a = a - 1
a *= 2        // a = a * 2
a /= 4        // a = a / 4
a %= 2        // a = a % 2
a &= 3        // a = a & 3     (Bitoperator)
a |= 5        // a = a | 5     (Bitoperator)
a ^= b        // a = a ^ b     (Bitoperator)
a <<= 1       // a = a << 1    (Bitoperator)
a >>= 1       // a = a >> 1    (Bitoperator)
```

4.3 Inkrement- und Dekrement Operatoren

++ (Inkrement)   Erhöht den Wert seines Operanden um 1.

```
i = 4;
i++;            // i hat den Wert 5
```

Bezüglich der Priorität unterscheidet man zwischen Postfix- und Präfix-Notation.

Die Postfix-Notation (i++)
hat dabei eine höhere Priorität als die Präfix-Notation (++i).

-- (Dekrement)   Vermindert den Wert seines Operanden um 1.

```
i = 2;
i--;            // i hat den Wert 1
```

Bezüglich der Priorität unterscheidet man auch hier zwischen Postfix- und Präfix-Notation.

Beispielprogramm zur Demonstration der Präfix- und Postfix-Notation:

```
int main (void)
{
   int i=1, j=10;

   printf("%i",i++);    //Ausgabe: 1
   printf("%i",i);      //Ausgabe: 2
   printf("%i",--j);    //Ausgabe: 9
   printf("%i",j--);    //Ausgabe: 9
   printf("%i",j);      //Ausgabe: 8

   return 0;
}
```

4.4 Vergleichsoperatoren

Vergleichsoperatoren werden eingesetzt, wenn es darum geht, Werte auf eine bestimmte Bedingung zu vergleichen. Dies geschieht z.B. durch eine if-Abfrage. Wenn eine Bedingung wahr ist, führe aus was in der { } steht.

Beispiele:

```
if (a >= b)
{
   printf("a ist > oder = b");  // Wird ausgeführt, wenn a größer oder gleich b ist
}
```

```
if (a == b)
{
    printf("a ist gleich b");          // Wird ausgeführt, wenn a gleich b ist
}

if (a != b)
{
    printf("a ist ungleich b");        // Wird ausgeführt, wenn a ungleich b ist
}

if (a < b)
{
    printf("a ist kleiner als b");     // Wird ausgeführt, wenn a kleiner als b ist
}
```

A == B   (Gleichheitsoperator)

Mit diesem Operator wird überprüft, ob der Wert des linken Operanden mit dem Wert des rechten Operanden übereinstimmt. Sind beide Werte ident, wird der boolsche Wert true (**Rückabewert = 1**) zurückgegebenen. Sind die Werte verschieden, wird false (**Rückgabewert = 0**) zurückgegeben.

Beispiel:

```
int main(void)
{
    printf("Fall fuer true: Der Wert des Ausdrucks 2 + 3 == 5 ist: %d",2 + 3 == 5);
    printf("\nFall fuer false: Der Wert des Ausdrucks 2 + 3 == 5 ist: %d",2 + 3 == 4);

    getchar();
    return 0;
}
```

```
c:\documents\visual studio 2010\Projects\test_1\Debug\test_1.exe
Fall fuer true: Der Wert des Ausdrucks 2 + 3 == 5 ist: 1
Fall fuer false: Der Wert des Ausdrucks 2 + 3 == 5 ist: 0
```

A != B   (Ungleichheitsoperator)

Mit diesem Operator wird überprüft, ob der Wert des linken Operanden mit dem Wert des rechten Operanden verschieden ist. Ist dies der Fall, wird der boolsche Wert true (**Rückabewert = 1**) zurückgegebenen. Sind beide Werte ident, wird false (**Rückgabewert = 0**) zurückgegeben.

Beispiele:

```
2 != 2        // Ergebnis = 0 (false)
3 != 2        // Ergebnis = 1 (true)
```

A < B   (Kleiner Operator)

Mit diesem Operator wird überprüft, ob der Wert des linken Operanden kleiner als der Wert des rechten Operanden ist. Ist dies der Fall, wird der boolsche Wert true (**Rückabewert = 1**) zurückgegebenen.   Ansonsten   wird   false   (**Rückgabewert   =   0**)   zurückgegeben.

Beispiele:

```
2 < 3          // Ergebnis = 1 (true)
3 < 1          // Ergebnis = 0 (false)
```

A > B   (Größer Operator)

Mit diesem Operator wird überprüft, ob der Wert des linken Operanden größer als der Wert des rechten Operanden ist. Ist dies der Fall, wird der boolsche Wert true (**Rückabewert = 1**) zurückgegebenen. Ansonsten wird false (**Rückgabewert = 0**) zurückgegeben.

Beispiele:

```
3 > 2          // Ergebnis = 1 (true)
1 > 3          // Ergebnis = 0 (false)
```

A <= B   (Kleiner Gleich Operator)

Mit diesem Operator wird überprüft, ob der Wert des linken Operanden kleiner oder gleich als der Wert des rechten Operanden ist. Ist dies der Fall, wird der boolsche Wert true (**Rückabewert = 1**) zurückgegebenen. Ansonsten wird false (**Rückgabewert = 0**) zurückgegeben.

Beispiele:

```
2 <= 2          // Ergebnis = 1 (true)
2 <= 3          // Ergebnis = 1 (true)
3 <= 2          // Ergebnis = 0 (false)
```

A >= B   (Größer Gleich Operator)

Mit diesem Operator wird überprüft, ob der Wert des linken Operanden größer oder gleich als der Wert des rechten Operanden ist. Ist dies der Fall, wird der boolsche Wert true (**Rückabewert = 1**) zurückgegebenen. Ansonsten wird false (**Rückgabewert = 0**) zurückgegeben.

Beispiele:

```
3 >= 3          // Ergebnis = 1 (true)
4 >= 3          // Ergebnis = 1 (true)
2 >= 3          // Ergebnis = 0 (false)
```

4.5 Logische Operatoren

Logische Operatoren werden dann verwendet, wenn man mehrere Bedingungen prüfen möchte. Dazu verknüpft man diese mit logischen Operatoren miteinander und prüft ob Bedingung a und Bedingung b wahr sind.

Es werden drei logische Operatoren unterschieden:

      &&   **(Operator für logisches UND)**
      || **(Operator für logisches ODER)**
      !   **(Operator für logische NEGIERUNG)**

&&   **(Operator für logisches UND)**

Der logische Operator **&&** verknüpft die beiden Operanden und gibt true zurück, wenn **beide** Operanden den Wert true haben, sonst false. Kann das Ergebnis bereits vorhergesagt werden, nachdem der erste Operand ausgewertet wurde (d.h., wenn dieser false ist, ist das Ergebnis sicher false), wird der zweite Operand nicht mehr ausgewertet.

Das folgende Beispiel zeigt, wie zwei Bedingungen verknüpft und auf ihren Wahrheitsgehalt überprüft werden. Hier wird ein sogenannter **if-else-Zweig** verwendet. Das bedeutet, wenn eine Bedingung zutrifft (if = true) wird der Inhalt der Klammern nach dem **if** { } ausgeführt. Ansonsten ist die Bedingung unwahr und es wird der Inhalt der Klammern { } nach **else** ausgeführt. Auf Verzweigungen mit **if** und **else** wird später noch genauer eingegangen.

Bei einer UND-Verknüpfung müssen also alle Operanden wahr sein, damit das Ergebnis wahr ist. Ist nur ein einziger Operand unwahr, dann ist auch das Ergebnis unwahr.

```c
int main(void)
{
    char a = 2, b = 5;

    if(a == 2 && b > 4)
    {
        printf("a ist gleich 2 und b ist grösser als 4");
    }

    else
    {
        printf("Die Bedingung ist nicht erfuellt");
    }

    getchar();
    return 0;
}
```

|| (Operator für logisches ODER)

Der logische Operator || verknüpft die beiden Operanden und gibt true zurück, wenn einer der beiden Operanden den Wert true hat, sonst false. Kann das Ergebnis bereits vorhergesagt werden, nachdem der erste Operand ausgewertet wurde (d.h., wenn dieser true ist, ist das Ergebnis sicher true), wird der zweite Operand nicht mehr ausgewertet.

Beispiele:

```
if (a == 2 || b == 4)
if (a > 2 || b <= 4)
```

! (Operator für logische NEGIERUNG)

Dieser Operator invertiert den Wert seiner Operanden. Aus true wird false - und umgekehrt. Der Ausdruck !a ist nur dann wahr, wenn der Ausdruck a falsch ist.

Beispiele:

```
!0          // Ergebnis = 1 (true)
!0 == 1     // Ergebnis = 1 (true)
```

4.5.1 Reihenfolge der Auswertung logischer Operatoren

Sicherlich sind Sie mit der mathematischen Rechenregel „Punktrechnung geht vor Strichrechnung" vertraut. Auch bei den Operatoren gilt eine genau definierte Priorität. Durch logische Operatoren können beliebig viele Ausdrücke verknüpft werden.

Für logische Operatoren gilt die Reihenfolge:

1. !
2. &&
3. ||

Betrachten Sie die folgende Programmzeile:

```
if(a > 5 || b == 4 && a < b)
```

Angenommen die Variable a hat den Wert 3 und b den Wert 4.

```
if(3 > 5 || 4 == 4 && 3 < 4)
```

1. **Die Ergebnisse der Vergleiche ermitteln**
   3 > 5 ist false
   4 == 4 ist true
   3 < 4 ist true

Das Zwischenergebnis lautet daher: if(false **||** true **&&** true)

2. **Die Reihenfolge der Operatoren abarbeiten**
   && Hat die stärkere Bindung, daher wird true **&&** true zuerst ermittelt. Das Ergebnis ist true. Jetzt wird das Ergebnis von if (false **||** true) ermittelt, was true ergibt.

Natürlich kann es auch sein, das in einem Ausdruck logische Operatoren mit gleichem Rag vorkommen. In diesem Fall werden die Operatoren von links nach rechts bewertet.

In der Praxis steuert man eine gewünschte Reihenfolge aber mit Klammerungen wie z.B.:

```
if((a > 5 || b == 4) && a < b)
```

Jetzt wird zuerst die ODER- und dann die UND-Verknüpfung ausgewertet. Der besseren Übersicht wegen werden auch Ausdrücke geklammert, die keine Klammerung erfordern. Die folgenden Beispiele sind gleichwertig, jedoch verschafft die zusätzliche Klammerung des Ausdrucks (a < b) eine bessere Übersicht.

```
if((a > 5 || b == 4) && a < b)
```

```
if((a > 5 || b == 4) && (a < b))
```

4.6 Bit-Operatoren

Mit Bit-Operatoren ist es möglich, direkt auf die binäre Zahlendarstellung zuzugreifen. Dies wird vor allem in der Programmierung von Mikrocontrollern eingesetzt um einzelne Bits zu manipulieren. Bei der Verwendung von Bit-Operatoren müssen die Operanden ganzzahlige Datentypen sein. Man unterscheidet **logische-** und **Shift-Operatoren**.

Logische Operatoren:

- **&** UND
- **|** ODER
- **^** Exklusiv ODER
- **~** Negation

Shift-Operatoren:

- **<<** Linksshift
- **>>** Rechtsshift

4.6.1 Bitweises UND

Der UND-Operand wird häufig verwendet um einzelne Bits zu löschen. In der Hardwarenahen Programmierung spricht man von Maskierung einzelner (auch mehrerer) Bits. Die Priorität des logischen UND-Operators ist höher als die Priorität des logischen ODER-Operators.

Laut Wahrheitstabelle für eine logische UND-Verknüpfung ist das Ergebnis nur dann logisch 1, wenn beide Bits (also a & b) logisch 1 sind.

Wahrheitstabelle für eine logische UND-Verknüpfung:

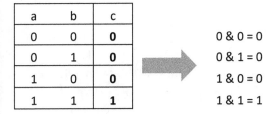

a	b	c	
0	0	**0**	0 & 0 = 0
0	1	**0**	0 & 1 = 0
1	0	**0**	1 & 0 = 0
1	1	**1**	1 & 1 = 1

Im folgenden Beispiel werden zwei Binärzahlen (1010 & 0011) mit einander UND-Verknüpft:

	Binär					
Dezimal	**8**	**4**	**2**	**1**	1 & 0 =	0
10	1	0	1	0	0 & 0 =	0
3	0	0	1	1	1 & 1 =	**1**
2	0	0	**1**	0	0 & 1 =	0

Beispiel:

```
int main(void)
{
    int x = 10;
    printf("x vorher =%d\n",x);
    x = x & 3;                      // Logische UND-Verknüpfung mit 0011
    printf("x nachher =%d\n",x);
    getchar();
    return 0;
}
```

c:\documents\visual studio 2010\Projects\test_1\Debug\test_1.exe

```
x vorher =10
x nachher =2
```

4.6.2 Bitweises ODER

Mit dem ODER-Operator ist es möglich, zusätzliche Bits zu setzen.

Laut Wahrheitstabelle für eine logische ODER-Verknüpfung ist das Ergebnis dann logisch 1, wenn eines der zu verknüpfenden Bits logisch 1 ist.

Wahrheitstabelle für eine logische ODER-Verknüpfung:

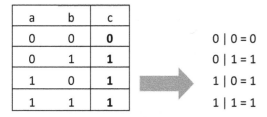

a	b	c
0	0	0
0	1	1
1	0	1
1	1	1

0 | 0 = 0
0 | 1 = 1
1 | 0 = 1
1 | 1 = 1

Im folgenden Beispiel werden zwei Binärzahlen (1010 & 0011) mit einander ODER-Verknüpft:

	Binär						
Dezimal	**8**	**4**	**2**	**1**			
10	1	0	1	0			
3	0	0	1	1			
11	**1**	**0**	**1**	**1**			

1 | 0 =   **1**
0 | 0 =   0
1 | 1 =   **1**
0 | 1 =   **1**

```c
int main(void)
{
    int x = 10;
    printf("x vorher =%d\n",x);

    x = x | 3;              // Logische ODER-Verknüpfung mit 0011
    printf("x nachher =%d\n",x);

    getchar();
    return 0;
}
```

c:\documents\visual studio 2010\Projects\test_1\Debug\test_1.exe

```
x vorher =10
x nachher =11
```

4.6.3 Bitweises exklusiv ODER (XOR)

Der XOR-Operator liefert nur dann eine logische 1, wenn beide zu verknüpfende Bits unterschiedlich sind. Dieser Operator wird angewendet, um z.B. einzelne Bits um zu schalten. Laut Wahrheitstabelle für eine logische XOR-Verknüpfung ist das Ergebnis immer dann logisch 1, wenn eines der Bits logisch 1 ist.

Wahrheitstabelle für eine logische XOR-Verknüpfung:

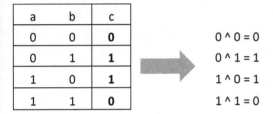

a	b	c
0	0	0
0	1	1
1	0	1
1	1	0

$0 \wedge 0 = 0$

$0 \wedge 1 = 1$

$1 \wedge 0 = 1$

$1 \wedge 1 = 0$

Im folgenden Beispiel werden zwei Binärzahlen (1010 & 0011) mit einander XOR-Verknüpft:

Dezimal	Binär			
	8	4	2	1
10	1	0	1	0
3	0	0	1	1
9	1	0	0	1

$1 \wedge 0 = $ **1**

$0 \wedge 0 = $ 0

$1 \wedge 1 = $ 0

$0 \wedge 1 = $ **1**

```c
int main(void)
{
    int x = 10;
    printf("x vorher =%d\n",x);

    x = x ^ 3;              // Logische XOR-Verknüpfung mit 0011
    printf("x nachher =%d\n",x);

    getchar();
    return 0;
}
```

```
c:\documents\visual studio 2010\Projects\test_1\Debug\test_1.exe
x vorher =10
x nachher =9
```

4.6.4 Bitweise Negation

Der Negations-Operator ~ invertiert jedes Bit. Aus logisch 0 wird logisch 1 und aus logisch 1 wird logisch 0.

Laut Wahrheitstabelle für eine Negation wird jedes Bit logisch invertiert.

Wahrheitstabelle für eine logische Negation:

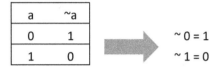

a	~a
0	1
1	0

~ 0 = 1

~ 1 = 0

Im folgenden Beispiel wird die Binärzahl 1010 negiert:

Dezimal	**Binär**					~1 =	0
	8	4	2	1			
10	1	0	1	0		~0 =	1
5	0	1	0	1		~1 =	0
						~0 =	1

```
int main(void)
{
    unsigned char x = 10;        // Nur positive Zahlen (0..255)

    printf("x vorher =%d\n",x);
    x = ~x;                      // Logische Negation

    printf("x nachher =%d\n",x);
    getchar();
    return 0;
}
```

Wie Sie hier feststellen, ist das Ergebnis 245 und nicht wie erwartet 5. Dies liegt daran, dass eine char-Variable acht Bit groß ist und die Negierung auf alle acht Bits angewendet wird. Aus 0000 1010 wird demnach 1111 0101 und das entspricht der Dezimalzahl 245. An dieser Stelle könnte man das Ergebnis korrigieren indem nun die obersten (unerwünschten) vier Bits maskiert werden.

```
c:\documents\visual studio 2010\Projects\test_1\Debug\test_1.exe
x vorher =10
x nachher =245
```

Eine Maskierung wird mit dem logischen UND-Operator durchgeführt wie das folgende Beispiel zeigt:

```
        1111 0101
&       0000 1111
        0000 0101
```

```c
int main(void)
{
    unsigned char x = 10;        // Nur positive Zahlen (0...255)

    printf("x vorher = %d\n",x);

    x = ~x;                      // Logische Negation
    printf("x nachher = %d\n",x);

    x = x & 15;                  // 15 = 0000 1111
    printf("x korrigiert = %d\n",x);

    getchar();
    return 0;
}
```

```
c:\documents\visual studio 2010\Projects\test_1\Debug\test_1.exe
x vorher = 10
x nachher = 245
x korrigiert = 5
```

4.6.5 Schiebeoperatoren (Links-shift / Rechts-shift)

Mit einer Linksverschiebung werden wie der Name schon sagt, Bits um n-Stellen nach links verschoben. Die rechts entstehenden Leerstellen werden hierbei mit 0 aufgefüllt.

Bei einer Rechtsverschiebung werden alle Bits um n-Stellen nach rechts verschoben. Die links entstehenden Leerstellen werden auch hierbei mit 0 aufgefüllt. Beachten Sie, dass nur ganzzahlige positive Stellen verschoben werden dürfen. Ein Shift-Operator entspricht einer Multiplikation oder Division mit einer 2er-Potenz.

Beispiel für eine Linksverschiebung:

				Binär				
Dezimal	128	64	32	16	8	4	2	1
8	0	0	0	0	1	0	0	0
<<1	0	0	0	1	0	0	0	0

Die Zahl 8 wird hier um eine Stelle nach links verschoben. Aus 8 wird 16, was einer Multiplikation von 2 entspricht. Nachfolgend ein Programmbeispiel einer Links- und Rechtsverschiebung:

```
int main(void)
{
    unsigned char x = 8;

    printf("Startwert von x = %d\n",x);

    x << = 1;               // Alle Bits um 1 Stelle nach links verschieben
    printf("x um 1 Stelle nach links = %d\n",x);

    x << = 2;               // Alle Bits um 2 Stellen nach links verschieben
    printf("x um 2 Stellen nach links = %d\n",x);

    x >> = 4;               // Alle Bits um 4 Stellen nach rechts verschieben
    printf("x um 4 Stellen nach rechts = %d\n",x);

    getchar();
    return 0;
}
```

```
c:\documents\visual studio 2010\Projects\test_1\Debug\test_1.exe
Startwert von x = 8
x um 1 Stelle nach links = 16
x um 2 Stellen nach links = 64
x um 4 Stellen nach rechts = 4
```

4.6.6 Sonderverknüpfungen von Operatoren

Sonderverknüpfungen sind Verknüpfungen mehrerer Operatoren. Damit ist es möglich, weiter logische Verknüpfungen wie z.B. NAND, NOR usw. zu realisieren.

Wahrheitstabelle Logisches NAND

a	b	c
0	0	1
0	1	1
1	0	1
1	1	0

Ein NAND entspricht einem negierten UND.

Nur wenn a UND b logisch 1 sind, ist das Ergebnis 0.

c = !(a && b)

Wahrheitstabelle Logisches NOR

a	b	c
0	0	1
0	1	0
1	0	0
1	1	0

Ein NOR entspricht einem negierten ODER.

Nur wenn a UND b logisch 0 sind, ist das Ergebnis 1.

c = !(a || b)

5. Daten einlesen, verarbeiten und ausgeben

Das ist eigentlich der Kern eines jeden Computerprogramms. Irgendwo werden zuerst Daten, Zahlen, etc. eingelesen, anschließend verarbeitet und am Ende in Form einer Tabelle oder Grafik wieder ausgegeben.

Bis jetzt haben wir die Ausgabe und Verarbeitung kennen gelernt. Was noch fehlt, ist die Eingabe bzw. das Einlesen von Daten.

5.1 Werte einlesen mit *scanf()*

Die Funktion *scanf()* kann man als Gegenstück zur Funktion *printf()* betrachten. Mit der Funktion *scanf()* können Werte unterschiedlicher Datentypen formatiert eingelesen werden. Im folgenden Programm werden zwei Werte mit *scanf()* eingelesen, miteinander addiert und wieder ausgegeben.

```
int main (void)
{
    int zahl_1, zahl_2;

    printf("Dieses Programm berechnet die Summe zweier Zahlen.\n");

    printf("Geben Sie die 1. Zahl ein! \n");
    scanf("%i",&zahl_1);

    printf("Geben Sie die 2. Zahl ein! \n");
    scanf("%i",&zahl_2);

    printf("\nDie Summe beider Zahlen ist %i",zahl_1+zahl_2);

    getchar();
    getchar();
    return 0;
}
```

Wenn das Programm korrekt abläuft, wird nach der ersten und anschließend nach der zweiten Zahl gefragt. Der Anwender gibt beide Zahlen ein und bestätigt jedes Mal mit Enter. Anschließend gibt das Programm die berechnete Summe auf der Konsole aus. Damit sich die Konsole nach der Berechnung nicht schließt, wurde zwei Mal *getchar()* eingegeben. Das rührt daher, dass mit der Eingabe der letzten Zahl auch die Taste Enter in den Tastaturpuffer mit eingelesen wird. Somit wird das erste *getchar()* sofort übersprungen. Wie später noch gezeigt wird, kann man den Tatstaturpuffer auch mit der Funktion *fflush(stdin);* löschen.

```
c:\documents\visual studio 2010\Projects\test_1\Debug\test_1.exe
Dieses Programm berechnet die Summe zweier Zahlen.
Geben Sie die 1. Zahl ein!
2
Geben Sie die 2. Zahl ein!
5

Die Summe beider Zahlen ist 7
```

scanf() ist ähnlich aufgebaut wie *printf()*. Wie bei *printf()* werden hier zwei Klammern und zwei Hochkommata verwendet. Es wird also formatiert eingelesen. Das **Formatzeichen %i** steht für die **formatierte Eingabe einer integer Zahl**. Welche Bedeutung hat aber das Zeichen »**&**«?

Das **&-Zeichen ist der Adressoperator**. Dies bedeutet, dass der Variablen i vom Typ **int** mit z.B. der Speicheradresse 0000:876A der Wert (zahl_1 oder zahl_2) zugewiesen wird. Die Funktion *scanf()* erwartet also **die Adresse** der Variablen!

Daher würde der folgende Funktionsaufruf zu einem Fehler führen:

Falsch ist: `scanf("%i",zahl_1);`
Richtig ist: `scanf("%i",&zahl_1);`

Die Speicheradresse wird während der Laufzeit (während der Programmausführung) zugewiesen. Darauf haben Sie keinen Einfluss. Die Speicheradresse sei hier z. B. 0000:876A. Der Wert ist der, den Sie mit *scanf()* eingeben mussten.

! Mit dem **Adressoperator &** erhält man **die Adresse** einer Variablen und nicht deren Inhalt!

Die Adresse einer Variablen kann man sich z.B. mit *printf()* ausgeben lassen.

```
int main(void)
{
    int x = 10;
    float y = 1.41;

    printf("Die Speicheradresse von x = %p\n", &x);
    printf("Der Inhalt der Speicherzelle = %d\n", x);

    printf("Die Speicheradresse von y = %p\n", &y);
    printf("Der Inhalt der Speicherzelle = %f\n", y);

    getchar();
    return 0;
}
```

Nach der Programmausführung erhält man z.B. die Ausgabe:

```
c:\documents\visual studio 2010\Projects\test_1\Debug\test_1.exe
Die Speicheradresse von x = 0022FEA8
Der Inhalt der Speicherzelle = 10
Die Speicheradresse von y = 0022FE9C
Der Inhalt der Speicherzelle = 1.410000
```

Die ausgegebenen Adressen werden bei Ihnen wahrscheinlich anders lauten.

5.1.1 Variablenüberwachung mit dem Debugger

Mit Ihrer Entwicklungsumgebung haben Sie die Möglichkeit Ihr Programm schrittweise auszuführen und dabei z.B. die Inhalte und Adressen von Variablen zu überwachen.

Das Schrittweise Ausführen eines Programmcodes ist für den Programmierer ein enorm wichtiges Werkzeug. Vor allem dann, wenn es darum geht Programmfehler (sog. Bugs) zu finden. Ein **Debugger** ist also ein Werkzeug zum Auffinden von Fehlern in einem Computersystem.

Bisher haben Sie den Debugger immer mit der Taste F5 , Strg+F5 oder dem Icon (>) gestartet um ein Programm auszuführen. Möchten Sie aber ein Programm schrittweise z.B. Zeile für Zeile ausführen, dann können Sie den Debugger mit **F10** oder **F11** starten.

F10 = Zeilenweises Debugging, wobei Funktionen zwar ausgeführt, aber übersprungen werden.
F11 = Zeilenweises Debugging, wobei in Funktionen hineingesprungen wird.

Was das genau bedeutet, werden Sie im Kapitel „Funktionen" noch kennen lernen.

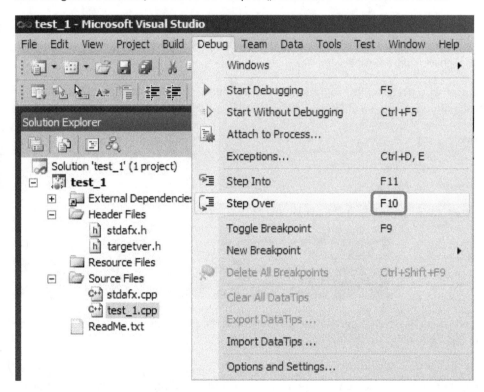

Starten Sie nun den Debugger mit der Funktionstaste **F10**.

```
test_1.cpp ×
(Global Scope)
    #include <stdio.h>
    #include "stdafx.h"

    void main(void)
    {
        int x = 10;
        float y = 1.41;

        printf("Die Speicheradresse von x = %p\n", &x);
        printf("Der Inhalt der Speicherzelle = %d\n", x);
        printf("Die Speicheradresse von y = %p\n", &y);
        printf("Der Inhalt der Speicherzelle = %f\n", y);
        getchar();
    }
```

Auf der linken Seite erscheint nun ein Pfeil, der Ihnen anzeigt, in welcher Programmzeile sich die Ausführung des Programmcodes befindet. Jedes Mal, wenn Sie nun die Taste F10 betätigen, springen Sie damit in die nächste Programmzeile.

Im Konsolenfenster wird der aktuelle Programmfortschritt angezeigt. Sollte sich das Konsolenfenster nicht automatisch öffnen, sehen Sie auf Ihrer Taskleiste nach und öffnen es mit einem Mausklick.

```
    void main(void)
    {
        int x = 10;
        float y = 1.41;

        printf("Die Speicheradresse von x = %p\n", &x);
        printf("Der Inhalt der Speicherzelle = %d\n", x);
        printf("Die Spe
        printf("Der Inh
        getchar();
    }
```

```
c:\documents\visual studio 2010\Projects\test_1\Debug\test_1.exe
Die Speicheradresse von x = 0028F768
Der Inhalt der Speicherzelle = 10
```

Wie Sie sehen, wurden die ersten Programmzeilen ausgeführt. Beachten Sie, dass die Zeile in der sich der Zeiger befindet, noch nicht ausgeführt wurde.

Im nächsten Schritt möchten wir die beiden Variablen x und y überwachen. Wenn Sie beispielsweise den Mauszeiger über eine Variable bewegen, erscheint ein Fenster welches den Inhalt der Variablen anzeigt. Dieses Fenster lässt sich durch Anklicken der Pin-Nadel fixieren.

```
%p\n", &x);
= %d\n",  ◆ x  10  ⊏
%p\n", &y);
```

Im folgenden Ausschnitt wurden die beiden Variablen x und y fixiert.

```
printf("Die Speicheradresse von x = %p\n", &x);          ⬥ x 10
printf("Der Inhalt der Speicherzelle = %d\n", x);
printf("Die Speicheradresse von y = %p\n", &y);
printf("Der Inhalt der Speicherzelle = %f\n", y);         ⬥ y 1.4100000
getchar();
}
```

Sie können damit aber nicht nur die Inhalte, sondern auch die Adressen der Variablen anzeigen lassen. Um die Adresse anzuzeigen, müssen Sie mit der linken Maustaste den UND-Operator gemeinsam mit der Variablen x markieren. Wie das folgende Beispiel zeigt, erhalten Sie so die Adresse der Variablen x. Wenn Sie auf das + Symbol klicken, öffnet sich ein weiteres Fenster und zeigt Ihnen den Inhalt der Variablen x an.

```
printf("Die Speicheradresse von x = %p\n", &x);
printf("Der Inhalt der Speicherzelle = %d\n",⊞ ⬥ &x  0x0028f768 ⇥
printf("Die Speicheradresse von y = %p\n", &y);
```

Eine weitere Möglichkeit um Variablen zu überwachen, ist die Anzeige im Beobachtungsfenster (watch window).

Um Variablen im Beobachtungsfenster anzuzeigen, markieren Sie zuerst die Variable mit der linken Maustaste. Dann klicken Sie die rechte Maustaste und es öffnet sich das folgende Fenster in dem Sie **Add Watch** auswählen. Wiederholen Sie den Vorgang nun für jede Variable und jede Variablenadresse, die Sie anzeigen möchten.

```
⊟void main(void)
 {
    int ┌──────────────────────────────────────────────┐
    floa│  📋  Create Unit Tests...                      │
        │                                                │
    prin│  🔗  Go To Definition         F12          x); │
    prin│  🔗  Go To Declaration        Ctrl+F12    , x);│
    prin│      Find All References       Ctrl+K, R    y); │
    prin│  🔲  View Call Hierarchy       Ctrl+K, Ctrl+T, y);│
    getc│                                                │
 }      │      Go To Header File                         │
        │                                                │
        │      Breakpoint                           ▶    │
        │                                                │
        │  👁  Add Watch                                 │
        │                                                │
        │  👁  QuickWatch...             Ctrl+D, Q       │
        └──────────────────────────────────────────────┘
```

Die Inhalte und Adressen der Variablen sehen Sie im Watch1-Fenster im unteren Bereich des Bildschirms. Weiteres wird auch der Datentyp der Variablen angezeigt und wenn es sich um eine Adresse handelt, wird dies durch einen * hinter dem Datentyp angezeigt.

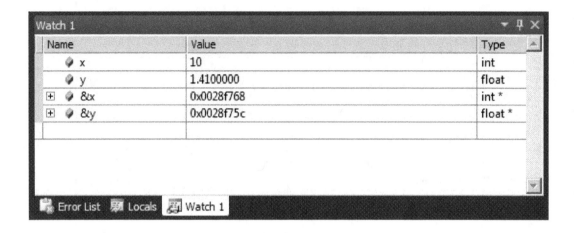

Nach diesem kurzen Ausflug zur Programmsteuerung mittels Debugger, wollen wir uns wieder der Funktion *scanf()* widmen.

5.1.2 Die Formatelemente von *scanf()*

Die Funktion *scanf()* liest zeichenweise formatierte Werte von der Standardeingabe (meist eine Tastatur) ein. Die Standardeingabe ist zeichengepuffert – das bedeutet, dass die Funktion *scanf()* auf den Abschluss einer Eingabe durch die ENTER-Taste wartet. Erst mit der Eingabe der ENTER-Taste wird der Tastaturpuffer geleert und der Inhalt an *scanf()* weiter gegeben.

Da *scanf()* ähnlich wie *printf()* aufgebaut ist, werden auch hier zwei Klammern mit Hochkomma verwendet. Das bedeutet, es wird formatiert eingelesen und daher muss das Formatzeichen z.B. **%d** für die formatierte Eingabe einer Dezimalzahl auch mit der tatsächlichen Eingabe zusammen passen. Ansonsten bricht *scanf()* die Eingabe ab, ohne das Einlesen erneut aufzunehmen.

Für **scanf( )** können folgende Formatelemente verwendet werden:

Zeichen	Umwandlung
%d	Integer als Dezimalwert
%i	Integer als Dezimal-,Hexadezimal oder Oktalwert
%e, %f, %g	Fließkommazahl
%o	Integer als Oktalzahl einlesen
%s	Zeichenkette (String) einlesen

%u	unsigned int
%x	Hexadezimalwert
%%	erkennt das Prozentzeichen

5.1.3 Programmbeispiel mit *scanf()*

Versuchen Sie das folgende Programm nun so auszubauen, dass die beiden eingegebenen Zahlen addiert, subtrahiert, multipliziert und dividiert werden. Auch soll der Rest einer Division mit dem Modulo Operanden (%) ermittelt werden.

```
#include <stdio.h>

int main (void)
{
   int zahl_1, zahl_2;

   printf("Dieses Programm berechnet die Summe zweier Zahlen.\n");
   printf("Geben Sie die 1. Zahl ein! \n");
   scanf("%i",&zahl_1);
   printf("Geben Sie die 2. Zahl ein! \n");
   scanf("%i",&zahl_2);
   printf("\nDie Summe beider Zahlen ist %i",zahl_1+zahl_2);
   fflush(stdin);          //Tastaturpuffer löschen
   getchar();
   return 0;
}
```

Hier eine mögliche Lösung:

```
#include <stdio.h>

int main (void)
{
   int zahl_1, zahl_2;

   printf("Geben Sie die 1. Zahl ein! \n");
   scanf("%i",&zahl_1);
   printf("Geben Sie die 2. Zahl ein! \n");
   scanf("%i",&zahl_2);
   printf("\n%i + %i = %i",zahl_1,zahl_2,zahl_1+zahl_2);
   printf("\n%i - %i = %i",zahl_1,zahl_2,zahl_1-zahl_2);
   printf("\n%i * %i = %i",zahl_1,zahl_2,zahl_1*zahl_2);
   printf("\n%i / %i = %i",zahl_1,zahl_2,zahl_1/zahl_2);
   printf("\n%i modulo %i = %i",zahl_1,zahl_2,zahl_1%zahl_2);
   fflush(stdin);
   getchar();
   return 0;
}
```

Beachten Sie aber, das unser Programm nur mit dem Datentyp **int**, also Ganzzahlen arbeitet. Bei einer Division zweier Zahlen mit einem Rest, wird das Ergebnis gerundet. Z.B.   10 / 3 = 3   und nicht 3,33333.

Um das zu ändern, muss der Datentyp auf **float** geändert werden. Weiters ersetzen Sie einfach **%i** mit **%f**.

```
#include <stdio.h>

int main (void)
{
    float zahl_1, zahl_2;

    printf("Geben Sie die 1. Zahl ein! \n");
    scanf("%f",&zahl_1);
    printf("Geben Sie die 2. Zahl ein! \n");
    scanf("%f",&zahl_2);
    printf("\n%f + %f = %f",zahl_1,zahl_2,zahl_1+zahl_2);
    printf("\n%f - %f = %f",zahl_1,zahl_2,zahl_1-zahl_2);
    printf("\n%f * %f = %f",zahl_1,zahl_2,zahl_1*zahl_2);
    printf("\n%f / %f = %f",zahl_1,zahl_2,zahl_1/zahl_2);
    fflush(stdin);
    getchar();
    return 0;
}
```

Der Rest einer Division mit dem Modulo Operanden (**%**) kann mit einer Gleitpunktzahl wie **float** oder **double** nicht mehr ermittelt werden.

5.1.4 Probleme mit *scanf()*

Ein Problem, das auftreten kann, wenn Sie *scanf()* für die Eingabe verwenden, ist die Pufferung (Tastaturpuffer). Wird eine Variable mit *scanf()* gelesen, erfolgt der Vorgang in drei Schritten:

1. Einlesen bis die ENTER-Taste gedrückt wird
2. Konvertierung der Eingabe in den gewünschten Datentyp
3. Wert in den Speicher schreiben

Und genau bei diesen Vorgängen können einige Fehler auftreten. Im ersten Schritt kann nicht viel passieren. Es können beliebig viele Zeichen eingelesen werden, bis die ENTER-Taste gedrückt wird.

Im zweiten Schritt geht es um die korrekte Formatierung der einzulesenden Zeichen. Angenommen, Sie möchten eine ganze Zahl einlesen und der Benutzer gibt einen Buchstaben oder eine Gleitpunktzahl ein. Da aber Buchstaben nicht in Zahlen konvertiert werden können, bricht *scanf()* den Einlesevorgang ab. Die Eingabe verbleibt aber trotzdem im Eingabepuffer!

Wenn die Konvertierung im zweiten Schritt erfolgreich war, wird der dritte Schritt ausgeführt. Hier werden die eingelesenen Daten gespeichert. Sollte der eingelesene Datentyp nicht mit dem Datentyp der Variablen in die gespeichert werden soll übereinstimmen, können schwere Programmfehler auftreten.

Hier ein Programmbeispiel, welches maximal vier Zeichen mittels *scanf()* von der Tastatur einliest. Die Variable text ist ein Array mit einer Größe von fünf Zeichen und wird für die Eingabe einer Zeichenkette (String) verwendet. Das Einlesen von Strings wird in einem späteren Abschnitt noch genauer erläutert.

```c
int main(void)
{
    char text[5];                       //Array mit 5 Feldern

    printf("Bitte geben Sie 4 Zeichen ein! ");
    scanf("%s", text);

    printf("Eingegeben: %s",&text);
    fflush(stdin);                      //Tastaturpuffer löschen

    getchar();
    return 0;
}
```

Testen Sie das folgende Programm:

```c
int main(void)
{
    char buchstabe_1,buchstabe_2,buchstabe_3;

    printf("Geben Sie den 1. Buchstaben ein : ");
    scanf("%c",&buchstabe_1);

    printf("\nGeben Sie den 2. Buchstaben ein  : ");
    scanf("%c",&buchstabe_2);

    printf("\nGeben Sie den 3. Buchstaben ein  : ");
    scanf("%c",&buchstabe_3);

    printf("\nSie haben eingegeben : %c %c %c ",buchstabe_1,buchstabe_2,buchstabe_3);
    getchar();
    return 0;
}
```

```
Geben Sie den 1. Buchstaben ein : e

Geben Sie den 2. Buchstaben ein  :
Geben Sie den 3. Buchstaben ein  :
```

Wie Sie sehen, wird die zweite Eingabe übersprungen. Als erster Buchstabe wurde das e eingegeben und anschließend mit der Taste ENTER bestätigt.

Eingegeben wurden also zwei Zeichen. Das Zeichen e und ENTER. Die Taste ENTER hat den ASCII-Code 10 *(= new line)* und befindet sich nach dem Zeichen e noch immer im Tastaturpuffer. Dieses ENTER wird nun automatisch als zweites Zeichen verwendet und als 2. Buchstabe eingelesen.

68

Um dieses Problem zu lösen, gibt es mehrere Möglichkeiten:

Variante 1: Löschen des Tastaturpuffers mit der Funktion *fflush()*

Die Funktion *fflush()* kann man zum Entleeren des Tastaturpuffers verwenden. Es kann aber sein, das dies nicht bei jedem Betriebssystem gelingt.

Ändern Sie nun das vorherige Beispiel und löschen Sie den Tastaturpuffer nach jeder Eingabe mit `fflush(stdin);`

```
int main(void)
{
    char buchstabe_1,buchstabe_2,buchstabe_3;

    printf("Geben Sie den 1. Buchstaben ein : ");
    scanf("%c",&buchstabe_1);

    fflush(stdin);                              //Tastaturpuffer löschen
    printf("\nGeben Sie den 2. Buchstaben ein  : ");
    scanf("%c",&buchstabe_2);

    fflush(stdin);                              //Tastaturpuffer löschen
    printf("\nGeben Sie den 3. Buchstaben ein  : ");
    scanf("%c",&buchstabe_3);

    fflush(stdin);                              //Tastaturpuffer löschen
    printf("\nSie haben eingegeben : %c %c %c ",buchstabe_1,buchstabe_2,buchstabe_3);
    getchar();
    return 0;
}
```

```
Geben Sie den 1. Buchstaben ein : a

Geben Sie den 2. Buchstaben ein  : b

Geben Sie den 3. Buchstaben ein  : c

Sie haben eingegeben : a b c
```

! Da *fflush()* für Inputstreams aber nicht definiert ist, kann es zu Problemen führen. Korrekterweise löscht man einen Inputstream manuell indem man bis zum '\n' alles aus dem Tastaturpuffer herauszieht. Das wichtige dabei ist aber auch, dass das '\n' (die Enter-Taste) auch ausgelesen wird. Das macht das *scanf()* nämlich nicht.

Folgendes löscht den Rest einer eventuell noch im Puffer liegenden "Zeile", also alles bis zu einem eventuell vorkommenden '\n':

```
int c;  // c muss vom Datentyp int sein
while ((c = getchar()) != EOF && c != '\n'); // Solange kein End of file und kein ENTER
```

Umgangssprachlich kann man diese while-Schleife ungefähr so erklären:
Lies aus dem Inputstream (Tastaturpuffer) solange c kein EOF (End of file) ist und keine ENTER-Taste gedrückt wurde.

Variante 2: Abfangen der ENTER-Taste durch eine **do while-Schleife**

An dieser Stelle wissen Sie zwar noch nicht, wie eine do while Schleife funktioniert, aber die Variante sei trotzdem vorgestellt. Do while bedeutet: Führe etwas solange aus, solange eine Bedingung erfüllt ist.

Da die ENTER-Taste dem ASCII-Code 10 *(= new line =\n)* entspricht, wird *scanf()* solange ausgeführt, solange über *getchar()* etwas anderes als **\n** (also ENTER) festgestellt wird. Sie ziehen also mit *getchar()* das Newline-Zeichen aus dem Tastaturpuffer heraus.

```c
int main(void)
{
    char buchstabe_1,buchstabe_2,buchstabe_3;

    printf("Geben Sie den 1. Buchstaben ein : ");
    do
    {
        scanf("%c",&buchstabe_1);
    }while ( getchar() != '\n' );

    printf("\nGeben Sie den 2. Buchstaben ein  : ");
    do
    {
        scanf("%c",&buchstabe_2);
    }while ( getchar() != '\n' );
    printf("\nGeben Sie den 3. Buchstaben ein  : ");
    do
    {
        scanf("%c",&buchstabe_3);
    }while ( getchar() != '\n' );

    printf("\nSie haben eingegeben : %c %c %c ",buchstabe_1,buchstabe_2,buchstabe_3);
    getchar();
    return 0;
}
```

Variante 3: Sie verwenden eine andere Standardeingabe-Funktion

Aus Sicherheitsgründen ist es ohnedies empfehlenswert, die Funktion *scanf()* **nicht** zu verwenden. Die Funktion *scanf()* ist beispielsweise vor einem Überlauf des Buffers (buffer-overflow) nicht geschützt.

Das bedeutet, das die Funktion *scanf()* nicht überprüft, wieviele Zeichen eigegeben werden. Dadurch kann es zu Fehlern kommen. Besser ist es, Sie verwenden die Funktion *fgets()* und konvertieren die Eingabe mit der Funktion *sscanf()* in das entsprechende Format.

Hier ein Beispiel:

```
int main(void)
{
    char zeichen;
    char buffer[2];

    printf("Geben Sie bitte ein Zeichen ein! ");

    fgets(buffer, 2, stdin);
    sscanf(buffer, "%c", &zeichen);

    printf("Ihr eingegebenes Zeichen: %c\n",zeichen);
    fflush(stdin);                               //Tastaturpuffer löschen

    getchar();
    return 0;
}
```

5.1.5 Mit *scanf()* den Rückgabewert prüfen

Sie sollten eine Tastatureingabe eines Benutzers immer auf ihre Richtigkeit überprüfen. Die Funktion *scanf()* gibt die Anzahl der erfolgreich eingelesenen Eingabefelder zurück.

Beispiel:

```
int main(void)
{
    char zeichen1, zeichen2;
    int zahl1, zahl2, check;

    printf("Bitte geben Sie zwei Zeichen und eine Zahl ein! ");
    check = scanf("%c %c %d",&zeichen1, &zeichen2, &zahl1);

    fflush(stdin);                       //Tastaturpuffer löschen
    printf("check = %d \n",check);

    printf("\nBitte geben Sie zwei Zahlen ein! ");
    check = scanf("%d %d",&zahl1, &zahl2);

    fflush(stdin);                       //Tastaturpuffer löschen
    printf("check = %d \n",check);

    getchar();
    return 0;
}
```

```
c:\documents\visual studio 2010\Projects\test_1\Debug\test_1.exe
Bitte geben Sie zwei Zeichen und eine Zahl ein! ab1
check = 3

Bitte geben Sie zwei Zahlen ein! ee
check = 0
```

Der **Rückgabewert** von *scanf()* ist also immer **die Anzahl der korrekt eingelesenen Werte**.

Sollte keine Übereinstimmung mit dem jeweiligen Formatzeichen stattfinden, wird der **Wert 0** zurückgegeben.

Wie in diesem Beispiel wurden zuerst a und b gefolgt von 1 eingegeben. Das entspricht genau dem Eingabeformat und daher ist der Rückgabewert von drei erfolgreich eingelesenen Werten 3.

Bei der zweiten Eingabe werden zwei Zahlen gefordert. Eingegeben wurden aber zwei Buchstaben. Somit ist kein Wert richtig eingelesen worden und der Rückgabewert ist 0.

6. Kontrollstrukturen

Bisher haben wir die Programme immer nur sequenziell ablaufen lassen. Sie laufen also immer Zeile für Zeile ab. In diesem Kapitel wird mit Kontrollstrukturen der sequenzielle Programmfluss gebrochen.

Sie haben drei Möglichkeiten, um den Programmfluss zu ändern:

- **Verzweigungen:**
  Im Programm wird eine Bedingung vereinbart, die entscheidet, an welcher Stelle das Programm fortgesetzt werden soll.

- **Schleifen:**
  Ein Anweisungsblock wird solange wiederholt, bis eine bestimmte Abbruchbedingung erfüllt wird.

- **Sprünge:**
  Die Programmausführung wird mittels Sprungmarken an einer anderen Position fortgesetzt.

6.1 if-Anweisung

Um eine bestimmte Bedingung in einem Programm abfragen zu können gibt es in C das Schlüsselwort *if*. Mit *if* wird geprüft, ob eine bestimmte Bedingung zutrifft. Ist dies der Fall, wird der Programmcode innerhalb der folgenden geschwungenen Klammern {} ausgeführt.

```
if (Bedingung)
{
    WAHR-ZWEIG
}
```

Dazu ein Programmbeispiel:

```c
int main(void)
{
    int zahl;

    printf("Geben Sie eine Zahl ein! ");
    scanf("%i",&zahl);

    if (zahl > 5)
    {
        printf("Die eingegebene Zahl ist groesser als 5!");
    }
    fflush(stdin);
    getchar();
    return 0;
}
```

Da sich im Programmbeispiel nur eine einzige Programmzeile nach der if-Abfrage befindet, kann man in diesem Fall die geschwungenen Klammern weglassen.

```c
if (zahl > 5)
{
    printf("Die eingegebene Zahl ist groesser als 5!");
}
```

hat die gleiche Funktion wie:

```c
if (zahl > 5)
    printf("Die eingegebene Zahl ist groesser als 5!");
```

Sobald aber mehrere Programmzeilen ausgeführt werden sollen, ist eine Klammerung unbedingt notwendig.

Beispiel:

```c
if (zahl > 5)
{
    printf("Die eingegebene Zahl ist groesser als 5!");
    zahl ++;
}
```

6.2 if - else Verzweigung

Die **if - else** Verzweigung fragt eine Bedingung ab und prüft sie auf wahr oder falsch. Ist die Bedingung wahr, wird der if-Zweig, ansonsten der else-Zweig ausgeführt. Ist die Bedingung falsch, aber kein else-Zweig vorhanden, wird der if-Zweig einfach übersprungen.

```
if (Bedingung)
{
    WAHR-ZWEIG
}

else
{
    SONST-ZWEIG
}
```

Wir schreiben ein Programm, welches bei Eingabe von zwei Zahlen prüft, welche Zahl größer ist. In der Übersicht das entsprechende Struktogramm:

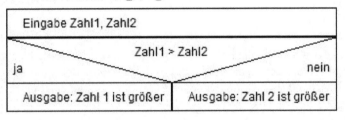

Mit Hilfe eines Struktogrammes kann man logische Programmabläufe in übersichtlicher Form darstellen. Ein Struktogramm-Editor für Windows, mit dem Sie Nassi-Shneidermann-Diagramme erstellen können ist z.B. StruktEd. Das Programm oder auch eine ganze Reihe anderer Programme gibt es als Freeware im Internet.

Insbesondere bei größeren Programmen ist es sehr empfehlenswert, zuerst ein Struktogramm oder auch Flussdiagramm zu erstellen und erst dann den entsprechenden Programmcode zu entwickeln.

Doch nun zum Struktogramm. Am Anfang werden die beiden Zahlen Zahl1 und Zahl2 eingelesen. Über die if-Bedingung erfolgt der Vergleich. Wenn die Zahl1 größer ist als Zahl2, dann führe den Ja-Zweig aus, sonst den Nein-Zweig.

Hier der Code:

```
int main(void)
{
    int zahl1, zahl2;

    printf("Geben Sie die 1.Zahl ein! ");
    scanf("%i",&zahl1);

    printf("Geben Sie die 2.Zahl ein! ");
    scanf("%i",&zahl2);

    if (zahl1 > zahl2)
    {
        printf("Die 1.Zahl ist groesser!");
    }
    else
    {
        printf("Die 2.Zahl ist groesser!");
    }

    fflush(stdin);
    getchar();
    return 0;
}
```

Das Programm hat aber einen kleinen Haken! Was geschieht, wenn beide Zahlen gleich groß sind? Es wird der else-Zweig (also die Zahl 2) ausgegeben. Um dies zu verhindern, müssen Sie eine zusätzliche else-if Abfrage für Gleichheit (==) wie im folgenden Programmbeispiel durchführen.

```
int main(void)
{
    int zahl1, zahl2;

    printf("Geben Sie die 1.Zahl ein! ");
    scanf("%i",&zahl1);

    printf("Geben Sie die 2.Zahl ein! ");
    scanf("%i",&zahl2);

    if (zahl1 > zahl2)
    {
        printf("Die 1.Zahl ist groesser!");
    }
    elseif (zahl1 == zahl2)        // == (Vergleichsoperator für "ist gleich")
    {
        printf("Beide Zahlen sind gleich gross!");
    }
    else
    {
        printf("Die 2.Zahl ist groesser!");
    }

    fflush(stdin);
    getchar();
    return 0;
}
```

Im folgenden Programmbeispiel wird eine eingegebene Temperatur von °C in Kelvin umgerechnet. Der absolute Nullpunkt ist der untere Grenzwert für die Temperatur und wird als 0 Kelvin festgelegt. 0 Kelvin sind −273,15 °C.

```
int main(void)
{
    double temperatur, kelvin;

    printf("Bitte geben Sie eine Temperatur in Grad Celsius ein: ");
    scanf("%lf",&temperatur);

    if (temperatur >= -273.15)
    {
        kelvin = temperatur + 273.15;
        printf("\n%2.1f Grad Celsius sind %2.1f Kelvin",temperatur, kelvin);
    }
    else
        printf("\nSie haben eine falsche Temperatur eingegeben!");

    fflush(stdin);
    getchar();
    return 0;
}
```

```
c:\documents\visual studio 2010\Projects\test_1\Debug\test_1.exe
Bitte geben Sie eine Temperatur in Grad Celsius ein: 25

25 Grad Celsius sind 298 Kelvin
```

6.2.1 if - else Verzweigung mit Verbundoperatoren

Wir schreiben ein Programm, welches prüft, ob die Testergebnisse der Schüler einer Klasse positiv oder negativ sind. In einem Semester werden zwei Tests durchgeführt. Um eine positive Semesternote zu erhalten, müssen aber beide Tests positiv sein.

Bedingungen:
Erster Test über 16 Punkte **UND** zweiter Test über 16 Punkte: Ergebnis= **positiv**.
Wenn aber ein Test unter **16** Punkte: Ergebnis= **negativ**.

if / else Verzweigung

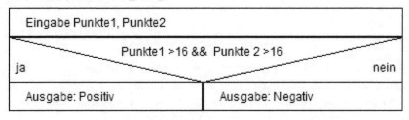

Eingabe Punkte1, Punkte2	
Punkte1 >16 && Punkte 2 >16	
ja nein	
Ausgabe: Positiv	Ausgabe: Negativ

```
int main(void)
{
    int punkte1, punkte2;

    printf("Punktzahl 1.Test? ");
    scanf("%i",&punkte1);
    printf("Punktzahl 2.Test? ");
    scanf("%i",&punkte2);

    if (punkte1 > 16 && punkte2 > 16)
      printf("Sie sind positiv!");

    else
      printf("Leider negativ!");

    fflush(stdin);
    getchar();
    return 0;
}
```

```
c:\documents\visual studio 2010\Projects\test_1\Debug\test_1.exe
Punktzahl 1.Test? 20
Punktzahl 2.Test? 17
Sie sind positiv!
```

Wie Sie sehen, ist auch hier eine Klammerung im if- bzw. else-Zweig nicht notwendig, da nach if- bzw. else nur eine einzige Programmzeile ausgeführt wird.

6.3 if, else - if Verzweigung

Die else-if Anweisung bietet die Möglichkeit, eine Auswahl unter verschiedenen Alternativen zu treffen.

```
if (Bedingung 1)
{
    WAHR-ZWEIG Bedingung 1
}
else if (Bedingung 2)
{
    WAHR-ZWEIG Bedingung 2
}
else if (Bedingung 3)
{
    WAHR-ZWEIG Bedingung 3
}
else
{
    SONST-ZWEIG
}
```

In dieser Reihenfolge wird ein Vergleich nach dem anderen durchgeführt und die entsprechend wahre Bedingung ausgeführt. Ist beispielsweise die zweite Bedingung wahr, wird der zugehörige Programmteil ausgeführt. An dieser Stelle wird auch kein weiterer Vergleich mehr durchgeführt. Die else-Anweisung zum Schluss der Prüfung ist optional und kann entfallen.

Ein solcher else-Zweig wird in der Praxis oft zum Abfangen von fehlerhaften Eingaben verwendet. Wird beispielsweise vom Benutzer eine falsche Eingabe durchgeführt, kann er im else-Zweig auf eine fehlerhafte Eingabe hingewiesen werden.

6.3.1 Programmbeispiele

Gesucht ist ein Programm, welches einen Einkaufsrabatt abhängig von der gekauften Stückzahl von Kinokarten (Stückzahl > 400 = 20% Rabatt, Stückzahl 100 bis 400 = 10% Rabatt, Stückzahl <100 = kein Rabatt) berechnet. Der Kaufpreis soll auf zwei Nachkommastellen genau berechnet und ausgegeben werden.

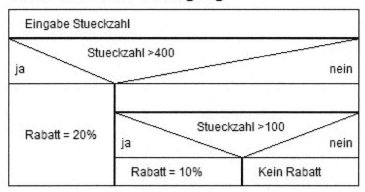

```
void main(void) // main wird mit void deklariert. Der Abschluss mit return 0; am Ende fehlt,
{               // da die Funktion main hier keinen Rückgabeparameter besitzt
    int stueck, rabatt=0;
    double preis=15, gesamt;
    printf("Eine Karte kostet EUR 15,-- ");
    printf("\nWieviele Karten kaufen Sie? ");
    scanf("%i",&stueck);

    if (stueck > 400)
    {
        gesamt = stueck * preis * 0.8;
        rabatt = 20;
    }
    else if (stueck > 100)
    {
        gesamt = stueck * preis * 0.9;
        rabatt = 10;
    }
    else
    {
        gesamt = stueck * preis;
    }
    printf("Sie erhalten %i Prozent Rabatt! Der Gesamtbetrag ist %.2lf EUR",rabatt, gesamt);
    fflush(stdin);
    getchar();
}
```

c:\documents\visual studio 2010\Projects\test_1\Debug\test_1.exe

Eine Karte kostet EUR 15,--
Wieviele Karten kaufen Sie? 150
Sie erhalten 10 Prozent Rabatt! Der Gesamtbetrag ist 2025.00 EUR

Programmieren Sie ein Programm, welches feststellt, ob ein eingegebenes Jahr ein Schaltjahr ist.

Es gilt:
Ein Jahr ist ein Schaltjahr, wenn es durch 4 teilbar ist, außer es ist auch durch 100 teilbar. Sollte es durch 400 teilbar sein, ist es wieder ein Schaltjahr.

Eingabe: Jahreszahl
Ausgabe: Schaltjahr oder kein Schaltjahr.

(Der **Modulo Operator %** berechnet den **Rest** einer ganzen Zahl bei einer Division.
z.B: 4 % 2 = 0, da kein Rest. 7 % 2 != 0, da ein Rest.

```
void main(void)
{
    int jahr;

    printf("Geben Sie ein Jahr ein!");
    scanf("%i",&jahr);

    if (jahr % 4 == 0 && jahr % 100 == 0)
       printf("%i ist kein Schaltjahr!",jahr);
    elseif (jahr % 4 == 0 || jahr % 400 == 0)
       printf("%i ist ein Schaltjahr!",jahr);
    else
       printf("%i ist kein Schaltjahr!",jahr);
    fflush(stdin);
    getchar();
}
```

c:\documents\visual studio 2010\Projects\test_1\Debug\test_1.exe

Geben Sie ein Jahr ein!2012
2012 ist ein Schaltjahr!

6.4 Geschachtelte if - else Anweisungen

Um Bedingungen abzufragen kann man auch geschachtelte if - else Anweisungen verwenden. Hier ein Programm, welches gemessene Spannungswerte abfragt. Versuchen Sie die Anweisungen immer von der Mitte heraus (innerste Schleife zuerst) zu lesen.

```c
void main(void)
{
    int spannung;

    printf("Wie gross ist die gemessene Spannung? ");
    scanf("%i",&spannung);
    if (spannung > 2)
        if (spannung > 20)
            if (spannung > 100)
                printf("zu gross");
            else
                printf("maximal");
        else
            printf("mittel");
    else
        printf("minimum");

    fflush(stdin);
    getchar();
}
```

```
c:\documents\visual studio 2010\Projects\test_1\Debug\test_1.exe
Wie gross ist die gemessene Spannung? 30
maximal
```

6.5 switch - case Anweisungen

switch - case prüft Bedingungen auf die Erfüllung zuvor definierter Werte. Im Unterschied zur *if-*Anweisung prüft *switch* fixe Werte ab. Verwenden Sie *switch - case*, wenn sich der zu prüfende Wert nicht ändert!

6.5.1 Programmbeispiele

Im Folgenden ein Programm, welches einen Kaffeeautomaten simuliert. Es stehen vier Eingabetasten zur Verfügung. Davon sind drei belegt und die vierteTaste ist leer. Es gibt also vier verschiedene, aber fixe Fälle und daher wird *switch – case* verwendet.

    Taste 1   = Kaffee groß
    Taste 2   = Kaffee mittel
    Taste 3   = Kaffee klein
    Taste 4   = leer

switch / case Verzweigung

Eingabe Taste 1,2 oder 3			
Fall 1	Fall 2	Fall 3	sonst
Kaffe groß	Kaffee mittel	Kaffee klein	nicht definiert
50 Cent	40 Cent	30 Cent	Falsche Taste

Taste 1,2,3,4

```
void main(void)
{
    int eingabe, preis=0;

    printf("Waehlen Sie einen Kaffee: 1=gross, 2=mittel, 3=klein");
    scanf("%i",&eingabe);

    switch (eingabe)
    {
        case 1:   preis = 50;
           break;
        case 2:   preis = 40;
           break;
        case 3:   preis = 30;
           break;

        default:  printf("Bitte druecken Sie eine gueltige Taste");
           break;
    }
    if (preis != 0)
        printf("Bitte werfen Sie %i Cent ein!",preis);
    fflush(stdin);
    getchar();
}
```

```
c:\documents\visual studio 2010\Projects\test_1\Debug\test_1.exe
Waehlen Sie einen Kaffee: 1=gross, 2=mittel, 3=klein 2
Bitte werfen Sie 40 Cent ein!
```

Wird eine Übereinstimmung gefunden, dann verzweigt das Programm zur Marke *case* und führt dort die jeweilige Anweisung aus. Wird keine Übereinstimmung gefunden, verzweigt das Programm zur Marke *default* (falls diese Marke verwendet wurde) und führt diese Anweisung aus.

Ist keine *default*-Marke angegeben und wird keine Übereinstimmung gefunden, dann wird auch keine Anweisung im *switch*-Block ausgeführt. Mit dem Schlüsselwort **break** wird die *switch*-Anweisung unmittelbar verlassen.

Fehlt das Schlüsselwort **break**, so wird das Programm bei der nächsten *case*-Anweisung fortgeführt. Um bei späteren Programmänderungen mögliche Fehlerquellen von vornhinein auszuschließen, ist es empfehlenswert, jede *case*-Anweisung mit einem **break** abzuschließen.

Programmbeispiel Notenschlüssel:

Im folgenden Programm sehen Sie den Code für einen Notenschlüssel. Einmal mit *if* und *else if* und einmal mit *switch* und *case* programmiert.

```
void main(void)
{
    int zahl;
    printf("Geben Sie Ihre Punkte ein (0 bis 10): ");
    scanf("%i",&zahl);

    if((zahl>10) || (zahl<=0)) // || logisches oder
        printf("\nError, bitte geben Sie eine Gueltige Zahl ein");
    elseif(zahl==10)
        printf("\nErgebnis: \tSehr Gut");
    elseif(zahl==9)
        printf("\nErgebnis: \tGut");
    elseif(zahl==8)
        printf("\nErgebnis: \tBefriedigend");
    elseif(zahl==7)
        printf("\nErgebnis: \tGenuegend");
    else
        printf("\nErgebnis: \tNicht Genuegend");
    printf("\n\n\nNotenschluessel:\n10=Sehr
Gut\n9=Gut\n8=Befriedigend\n7=Genuegend\nweniger=Nicht Genuegend\n\n");
    fflush(stdin);
    getchar();
}


void main(void)
{
    int zahl;
    printf("Geben Sie Ihre Punkte ein (0 bis 10): ");
    scanf("%i",&zahl);

    switch(zahl)
    {
        case 10:
            printf("\nErgebnis: Sehr Gut\n\n"); break;
        case 9:
            printf("\nErgebnis: Gut\n\n"); break;
        case 8:
            printf("\nErgebnis: Befriedigend\n\n"); break;
        case 7:
            printf("\nErgebnis: Genuegend\n\n"); break;
        case 6: case 5: case 4: case 3: case 2: case 1: case 0:
            printf("\nErgebnis: Nicht Genuegend\n\n"); break;
        default:
            printf("\nError: Falsche Eingabe\n\n"); break;
    }
    fflush(stdin);
    getchar();
}
```

Programmbeispiel Taschenrechner:

Programmieren Sie einen einfachen Taschenrechner. Zwei Zahlen sollen eingegeben werden und über ein Menü (+, -, *, /) soll die Rechenart gewählt werden können. Die Berechnung soll auf zwei Nachkommastellen genau sein.

```c
void main(void)
{
    double zahl1, zahl2, ergebnis;
    char zeichen;

    printf("*****Taschenrechner*****");
    printf("\nGeben Sie die erste Zahl ein!");
    scanf("%lf",&zahl1);
    printf("\nGeben Sie die zweite Zahl ein!");
    scanf("%lf",&zahl2);
    fflush(stdin);          //Tastaturpuffer löschen

    printf("\nWaehlen Sie eine Rechenart: (+ - * /) \n\n");
    scanf("%c",&zeichen);

    switch (zeichen)
    {
        case'+':            //char-Zeichen unter 'Hochkomma'
            ergebnis = zahl1 + zahl2;
            printf("%.2lf + %.2lf = %.2lf",zahl1, zahl2, ergebnis);
            break;
        case'-':
            ergebnis = zahl1 - zahl2;
            printf("%.2lf - %.2lf = %.2lf",zahl1, zahl2, ergebnis);
            break;
        case'*':
            ergebnis = zahl1 * zahl2;
            printf("%.2lf * %.2lf = %.2lf",zahl1, zahl2, ergebnis);
            break;
        case'/':
            ergebnis = zahl1 / zahl2;
            printf("%.2lf / %.2lf = %.2lf",zahl1, zahl2, ergebnis);
            break;
        default:
            printf("Falsche Eingabe!");
            break;
    }
    fflush(stdin);
    getchar();
}
```

```
c:\documents\visual studio 2010\Projects\test_1\Debug\test_1.exe
*****Taschenrechner*****
Geben Sie die erste Zahl ein!4.5

Geben Sie die zweite Zahl ein!3

Waehlen Sie eine Rechenart: (+ - * /)

*
4.50 * 3.00 = 13.50
```

7 Iterationen

Bisher wurden Programme zur Summenbildung geschrieben. Für jede Eingabe einer Zahl oder eines Wertes enthielt das Programm eine eigene Zeile. Bei wenigen Werten ist das ja durchaus so in Ordnung. Was aber, wenn hundert oder tausend Zahlen verarbeitet werden sollen?
Die Lösung sind sogenannte Programmschleifen. Bei diesen Schleifen springt das Programm auf den Schleifenkopf zurück und wiederholt den betreffenden Programmteil so oft wie gewünscht.

7.1 for - Schleifen

Ein einfacher Schleifentyp ist eine for-Schleife. Hier wird zuerst die Anzahl der Wiederholungen ermittelt und dann geprüft, ob die Anzahl der Durchläufe erreicht worden ist. Die Zählschleife wird also verwendet, um bestimmte Programmteile x-mal durchlaufen zu lassen.

Syntax einer for-Schleife:

```
for (Zählvariable = Startwert;  Zählvariable <= Endwert;  Zählvariable erhöhen)
{
    Anweisungen
}
```

Hier ein Programm, welches von 1 bis 10 zählen soll und die Zählvariable bei jedem Schleifendurchlauf ausgibt.

```
void main(void)
{
    int i;                          // Zählvariable I wird deklariert

    for (i=1; i<=10; i++)           // Zählt von 1 bis 10
    {
        printf("%i. Durchlauf\n",i);   // Ausgabe von i
    }
    getchar();
}
```

```
c:\documents\visual studio 2010\Projects\test_1\Debug\test_1.exe
1. Durchlauf
2. Durchlauf
3. Durchlauf
4. Durchlauf
5. Durchlauf
6. Durchlauf
7. Durchlauf
8. Durchlauf
9. Durchlauf
10. Durchlauf
```

Das folgende Programm berechnet die Summe aller Zahlen von 1 bis 100:

```c
void main(void)
{
    int zahl=0;

    for (int i=1; i<=100; i++)    // Zählt von 1 bis 100
    {
        zahl = zahl + i;          // Speichert das neue Ergebnis in zahl
    }
    printf("Die Summe aller Zahlen von 1 bis 100 = %i",zahl);
    getchar();
}
```

```
c:\documents\visual studio 2010\Projects\test_1\Debug\test_1.exe
Die Summe aller Zahlen von 1 bis 100 = 5050
```

Im nächsten Programm wird der Mittelwert von zehn eingegebenen Zahlen berechnet und anschließend ausgegeben.

```c
void main(void)
{
    float zahl=0, summe=0, mittelwert;

    printf("Geben Sie 10 Zahlen ein! ");

    for (int i=1; i<=10; i++)             // Zählt von 1 bis 10
    {
        scanf("%f",&zahl);                // Einlesen der Werte
        summe = summe + zahl;             // Gesamtsumme bilden
    }
    mittelwert = summe / 10;              // Mittelwert berechnen
    printf("Der Mittelwert = %.2f",mittelwert);

    fflush(stdin);
    getchar();
}
```

```
c:\documents\visual studio 2010\Projects\test_1\Debug\test_1.exe
Geben Sie 10 Zahlen ein!
12
2
5
10
22
44
2
7
6
32
Der Mittelwert = 14.20
```

7.1.1   Verschachtelte for - Schleifen

Im nächsten Programm wird das kleine Einmaleins mit einer verschachtelten for-Schleife erzeugt.

```c
void main(void)
{
    int i,j;

    for (i=1; i<=10; i++)          //Zählt von 1 bis 10
    {
        for (j=1; j<=10; j++)        //Zählt von 1 bis 10
            printf("%i mal %i = \t%i\n",i,j,i*j);
    }
    getchar();
}
```

```
c:\documents\visual studio 2010\Projects\test_1\Debug\test_1.exe
1 mal 1  =        1
1 mal 2  =        2
1 mal 3  =        3
1 mal 4  =        4
1 mal 5  =        5
1 mal 6  =        6
1 mal 7  =        7
1 mal 8  =        8
1 mal 9  =        9
1 mal 10 =        10
2 mal 1  =        2
2 mal 2  =        4
2 mal 3  =        6
2 mal 4  =        8
2 mal 5  =        10
2 mal 6  =        12
```

usw. bis 10 mal 10 = 100.

Wenn das Programm das erste Mal die äußere Schleife erreicht wird i=1 gesetzt. Dann wird die innere Schleife ausgeführt und j=1 gesetzt. Da die innere Schleife nur eine Anweisung ausführt darf hier die geschwungene Klammer {} fehlen.

Ausgabe: = 1 mal 1 = 1

Jetzt wird die innere Schleife zehn Mal abgearbeitet und springt dann zurück auf die äußere Schleife wo i=2 gesetzt wird. Das ganze wiederholt sich solange, bis i=10 und j=10 ist. Die letzte Ausgabe ist also 10 mal 10 = 100.

Auch hier wird die innerste Schleife zuerst abgearbeitet!

Versuchen Sie das Programm so umzuschreiben, dass diese Tabelle ausgegeben wird:

```
c:\documents\visual studio 2010\Projects\test_1\Debug\test_1.exe
     1     2     3     4     5     6     7     8     9    10
     2     4     6     8    10    12    14    16    18    20
     3     6     9    12    15    18    21    24    27    30
     4     8    12    16    20    24    28    32    36    40
     5    10    15    20    25    30    35    40    45    50
     6    12    18    24    30    36    42    48    54    60
     7    14    21    28    35    42    49    56    63    70
     8    16    24    32    40    48    56    64    72    80
     9    18    27    36    45    54    63    72    81    90
    10    20    30    40    50    60    70    80    90   100
```

Hier eine mögliche Lösung:

```c
void main(void)
{
    int i,j;

    for (i=1; i<=10; i++)        // Zählt von 1 bis 10
    {
        printf("\n");            // Nächste Zeile

        for (j=1; j<=10; j++)    // Zählt von 1 bis 10
            printf("%5i",i*j);
    }
    getchar();
}
```

7.2 Programmbeispiele

7.2.1 Sternequadrat

Ein Programm soll ein Quadrat mit 20x20 Sterne erzeugen wobei die Diagonale frei bleiben soll.

```
void main (void)
{
    int i, j;

    for (i = 1; i <= 20; i++)                    // 20 Zeilen erzeugen
    {
        for (j = 1; j <= 20; j++)                // 20 Sterne erzeugen
        {
            if ((j == i) || (j == 20 - i + 1))   // Leerzeilen erzeugen (wenn Bedingung ist
true)
                printf(" ");                     // Leerzeichen ausgeben
            else
                printf("*");                     // Sonst * ausgeben
        }
        printf("\n");                            // nächste Zeile
    }
    getchar();
}
```

7.2.2 Zahlenfeld

Schreiben Sie ein Programm, welches ein Zahlenfeld mit zehn Zahlen beginnend mit 21 bis 30 in der ersten Zeile, 22 bis 31 in der zweiten Zeile usw. erzeugt.

Hier eine mögliche Lösung:

```c
void main(void)
{
    int i,j;

    for (i = 1; i <= 10; i++)
    {
        for (j = 20; j <= 29; j++)
        {
            printf("%i ",j+i);
        }

        printf("\n");
    }
    getchar();
}
```

7.2.3   Sägezahn

Aufgrund der Eingabe zweier Werte (1. Wert = Anzahl der Sterne, 2. Wert = Anzahl der Durchgänge) sollen Sterne "*" ausgegeben werden, welche einen Sägezahn wie in der folgenden Abbildung erzeugen.

usw...

Zuerst schreiben wir eine Schleife, welche die Ausgabe eines "*" fünfmal wiederholt.

```c
void main(void)
{
    int sterne=5;

    for (int i = 1; i <= sterne; i++)
        printf("*\n");
    getchar();
}
```

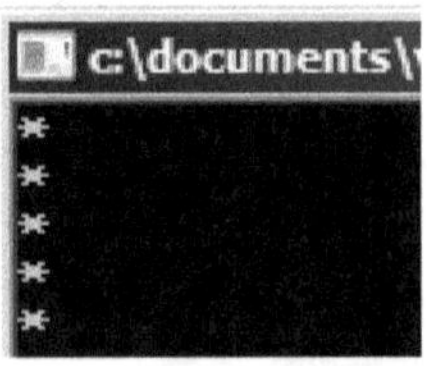

Nun soll unser Programm nach jedem Schleifendurchlauf einen Stern mehr erzeugen. Dazu bauen wir eine Schleife in unsere bestehende Schleife ein, die jeden Schleifendurchlauf zählt und die Ausgabe um einen * erhöht.

```
void main(void)
{
    int sterne=5;

    for (int i = 1; i <= sterne; i++)
    {
        for (int k = 1; k <= i; k++)
            printf("*");
        printf("\n");
    }
    getchar();
}
```

Da wir möchten, dass die Anzahl der Durchgänge und die Anzahl der Sterne als Eingabe abgefragt werden, erweitern wir unser Programm mit den Eingabeabfragen und fügen eine weitere Schleife für die Anzahl der Durchgänge hinzu.

Die Ausgabe für 10 Sterne und 2 Durchgänge:

```
void main(void)
{
    int sterne, durchgaenge;

    printf("Anzahl der Sterne? ");
    scanf("%i",&sterne);

    printf("Anzahl der Durchgaenge? ");
    scanf("%i",&durchgaenge);

    for (int a=1; a <= durchgaenge; a++)
    {
        for (int i=1; i <= sterne; i++)
        {
            for (int k=1; k <= i; k++)
                printf("*");
            printf("\n");
        }
    }
    fflush(stdin);
    getchar();
}
```

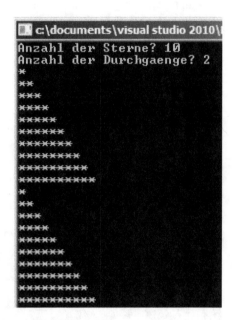

7.3 while - Schleifen

Mit *while* am Kopf der Schleife, wird eine Bedingung auf true überprüft und solange durchgeführt, bis die Bedingung false ist.

Syntax von while:

```
while (Bedingung)
{
    Anweisung
}
```

Die *while*-Schleife wird folglich dann eingesetzt, wenn zu Beginn der Schleife noch nicht bekannt ist, wie oft sie durchlaufen werden soll.

Beispiel:
Eine Anweisung soll solange ausgeführt werden, bis eine Bedingung erfüllt ist. Ist die Bedingung von Anfang an nicht erfüllt, wird auch die Anweisung nicht ausgeführt.

Dieses Programm soll mit einem Startwert starten und diesen Wert bei jedem Durchlauf um 1 erhöhen, bis der Endwert erreicht ist. Ist der Startwert gleich dem Endwert, ist die Bedingung false und die Schleife wird nicht ausgeführt.

```
int main(void)
{
    int start, ende, i;

    printf("Startwert eingeben! ");
    scanf("%i",&start);
    printf("Endwert eingeben! ");
    scanf("%i",&ende);

    i = start;
    while (i < ende)      // führe aus, solange i kleiner ist als ende. Soll auch der Endwert
ausgegeben werden, muss
    {                     // es heißen: while (i <= ende)
        printf("%i\n",i);
        i++;              // erhöhe i bei jedem Durchlauf um 1
    }
    fflush(stdin);
    getchar();
    return 0;
}
```

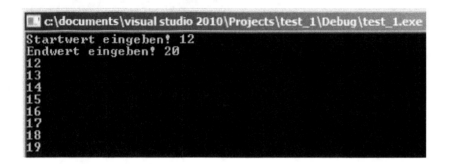

! Innerhalb der Schleife muss die Schleifenbedingung irgendwann false werden. Häufig wird die Inkrementierung der Schleifenvariablen vergessen, was eine Endlosschleife zur Folge hat.

In unserem Beispiel nähern wir uns mit **i++;** dem Ziel. Die Abbruchbedingung der Schleife wird erfüllt, wenn i = ende.

7.4 Programmbeispiele

Schreiben Sie ein Programm, welches für eine beliebige Anzahl von eingegebenen Zahlen das Quadrat berechnet und ausgibt. Das Programm soll durch die Eingabe der Zahl 0 unterbrochen werden.

```c
int main(void)
{
    int zahl;

    printf("Bitte geben Sie eine Zahl ein\n");
    printf("Mit 0 wird das Programm beendet! ");
    scanf("%i",&zahl);

    while (zahl != 0)
    {
        printf("Das Quadrat von %i = %i\n",zahl, zahl*zahl);
        printf("Naechste Zahl: ");
        scanf("%i",&zahl);
    }

    int clear_puffer;

    while ((clear_puffer = getchar()) != EOF && clear_puffer != '\n');    // *1) Beenden des
Inputstreams
    getchar();
    return 0;
}
```

*1: Es wird solange von stdin (Inputstream) gelesen, bis das Streamende (!= EOF) erreicht wird. Wird 0 gefolgt von der Enter-Taste (\n) eingegeben, wird damit die Bedingung EOF (End Of File) und \n (Zeilenumbruch) wahr. Damit wird ein Eingabestrom ordnungsgemäß beendet.

```
c:\documents\visual studio 2010\Projects\test_1\Debug\test_1.exe
Bitte geben Sie eine Zahl ein
Mit 0 wird das Programm beendet! 4
Das Quadrat von 4 = 16
Naechste Zahl: 2
Das Quadrat von 2 = 4
Naechste Zahl: 10
Das Quadrat von 10 = 100
Naechste Zahl: 100
Das Quadrat von 100 = 10000
Naechste Zahl: 0
```

An dieser Stelle noch einige Worte zum Inputstream:

Wie in den vergangenen Beispielen gezeigt, wurde der Eingabepuffer mit *fflush(stdin);* gelöscht. Da dies nicht auf jedem System funktioniert und daher zu einem undefinierten Verhalten führen kann, ist es standardgemäß, den Eingabepuffer so zu leeren.

In der while-Schleife werden die Zeichen mit *getchar()* solange einzeln aus dem Puffer eingelesen, bis ein EOF (0) gefolgt von einem '\n' (Enter-Taste = Zeilenumbruch) zurückgegeben wird und die while-Schleife abbricht. Danach hat man für weitere Eingaben einen leeren, sauberen Puffer.

Man könnte sich jetzt fragen, wie das '\n' in den Puffer überhaupt hinein kommt. Das ist die Eigenschaft von *scanf()*, *getchar()* und zum Teil auch von *fgets()*. *scanf()* bzw. *getchar()* schreiben beim Abschluss einer Eingabe, also wenn man die Enter-Taste drückt, das '\n' an das Ende des Puffers. Beim Programmstart ist der Puffer nämlich leer. Das kann man überprüfen, indem man

```c
int c;
while ((c = getchar()) != EOF && c != '\n');
```

an den Anfang des Programms schreibt, das Programm startet und feststellt, dass man aus der Schleife nur dann herauskommt, wenn man die Enter-Taste drückt.

Bauen wir nun unser Programm weiter aus und berechnen zusätzlich den Sinus und Cosinus der eingegebenen Zahl. Was muss geändert werden?

1. Wir benötigen erweiterte mathematische Funktionen.
   Diese erhalten wir, wenn wir die Headerdatei **<math.h>** in unser Programm einbinden. Die Headerdatei **<math.h>** liefert uns mathematische Funktionen für reelle Gleitpunktzahlen.
2. Der Datentyp der Variablen zahl muss auf **double** geändert werden und somit auch der Datentyp für das Einlesen der Zahl mit *scanf()* sowie für die Ausgabe mit *printf()*.

Die Funktionen Sinus und Cosinus unter **<math.h>**:

```c
double sin( double x );
double cos( double x );
```

Beide Funktionen berechnen den Sinus bzw. Cosinus eines double-Wertes und liefern ein double-Ergebnis zurück.

```c
#include <stdio.h>
#include <math.h>

int main(void)
{
    double zahl;

    printf("Bitte geben Sie eine Zahl ein\n");
    printf("Mit 0 wird das Programm beendet! ");
    scanf("%lf",&zahl);

    while (zahl != 0)
    {
        printf("Das Quadrat von %.2lf = %.2lf\n",zahl, zahl*zahl);
        printf("Der Sinus von %.2lf = %.2lf\n",zahl, sin(zahl));
        printf("Der Cosinus von %.2lf = %.2lf\n",zahl, cos(zahl));
        printf("Naechste Zahl: ");
        scanf("%lf",&zahl);
    }

    int clear_puffer;
    while ((clear_puffer = getchar()) != EOF && clear_puffer != '\n');

    getchar();
    return 0;
}
```

```
c:\documents\visual studio 2010\Projects\test_1\Debug\test_1.exe
Bitte geben Sie eine Zahl ein
Mit 0 wird das Programm beendet! 2
Das Quadrat von 2.00 = 4.00
Der Sinus von 2.00 = 0.91
Der Cosinus von 2.00 = -0.42
Naechste Zahl: 0
```

weitere Funktionen von **<math.h>** sind z.B:

pow	(x1,x2);	Potenz $x1^{x2}$
sqrt	(x);	Quadratwurzel von x
tan	(x);	Tangens von x
sinh	(x);	Sinus hyperbolicus von x
exp	(x);	Exponentialfunktion (berechnet e^x)
log	(x);	Natürlicher Logarithmus von x
log10	(x);	Dekadischer Logarithmus von x
fmin	(x,y);	Minimum
fmax	(x,y);	Maximum

Eine vollständige Übersicht über die mathematischen Funktionen finden Sie im Anhang.

Programmieren Sie nun ein Programm, welches den Sinus, Cosinus und Tangens eines Winkels in Grad berechnet und in Form einer Tabelle ausgibt. Auch die Schrittweite des Winkels soll eingegeben werden können. Entsprechend der eingegebenen Schrittweite soll die Ausgabe wie in der nächsten Abbildung dargestellt erfolgen.

```
c:\documents\visual studio 2010\Projects\test_1\Debug\test_1.exe
Geben Sie den Startwinkel in Grad ein! 0
Geben Sie den Endwinkel in Grad ein! 90
Geben Sie die Schrittweite in Grad ein! 10

Winkel  sin     cos     tan
0.00    0.00    1.00    0.00
10.00   0.17    0.98    0.18
20.00   0.34    0.94    0.36
30.00   0.50    0.87    0.58
40.00   0.64    0.77    0.84
50.00   0.77    0.64    1.19
60.00   0.87    0.50    1.73
70.00   0.94    0.34    2.75
80.00   0.98    0.17    5.67
90.00   1.00    0.00    753696.00
```

```
#include <stdio.h>
#include <math.h>

int main(void)
{
    double start, end, schritt, i, zahl=0, PI=3.14159;

    printf("Geben Sie den Startwinkel in Grad ein! ");
    scanf("%lf",&start);

    printf("Geben Sie den Endwinkel in Grad ein! ");
    scanf("%lf",&end);

    printf("Geben Sie die Schrittweite in Grad ein! ");
    scanf("%lf",&schritt);

    printf("\nWinkel\tsin\tcos\ttan\n");
    printf("_____\n");

    i = start;                      // definiert den Startwert für i
    while (i <= end)                // Solange i <= end, führe die Anweisung aus
    {
        zahl = (i*(PI/180));        // Umrechnung rad in grad
        printf("%.2lf\t%.2lf\t%.2lf\t%.2lf\n", i, sin(zahl), cos(zahl), tan(zahl));
        i = i + schritt;
    }

    int clear_puffer;
    while ((clear_puffer = getchar()) != EOF && clear_puffer != '\n');

    getchar();
    return 0;
}
```

7.5 do – while - Schleifen

Die do - while-Schleife ist mit der while-Schleife eng verwandt. Der Unterschied der beiden Schleifen besteht in der Art der Prüfung. Die do - while-Schleife ist eine sogenannte fussgesteuerte Schleife und prüft am Ende der Anweisung eine Bedingung auf wahr. Ist die Bedingung falsch, wird die Ausführung beendet. Die while-Schleife hingegen ist eine kopfgesteuerte Schleife und prüft am Anfang der Anweisung eine Bedingung auf wahr.

! Bei der do - while-Schleife wird die Anweisung auf alle Fälle mindestens 1-mal ausgeführt.

Syntax:

```
do
{
    Anweisung
}while (Bedingung);
```

7.6 Programmbeispiele

7.6.1   Umrechnung einer Dezimalzahl in eine Binärzahl

Um eine Binärzahl zu berechnen, wird eine Dezimalzahl solange durch 2 geteilt, bis sie 0 ist. Der dadurch entstehende Rest (0 oder 1) ergibt dann die Binärzahl.

Beispiel einer Umrechnung der Dezimalzahl 40:

40 : 2 = 20	Rest = 0	
20 : 2 = 10	Rest = 0	
10 : 2 = 5	Rest = 0	
5 : 2 = 2	Rest = 1	
2 : 2 = 1	Rest = 0	
1 : 2 = 0	Rest = 1	

Die Dezimalzahl 40 als Binärzahl ist **101000**

Um den Rest einer Division zu erhalten, wird eine ganze Zahl mit dem Modulo - Operanden (%) geteilt. Die Binärzahl wird hier im Beispiel beginnend mit dem kleinsten Bit zuerst ausgegeben. D.h.: Die Binärzahl ist von rechts nach links zu lesen.

```
int main(void)
{
    int dez_zahl, rest, zahl_neu;

    printf("BINAERZAHLENRECHNER");
    printf("\n===================");
    printf("\nGeben Sie eine Dezimalzahl ein! ");
    scanf("%i",&dez_zahl);

    printf("\nDie Binaerzahl lautet: ");
    do
    {
        rest=dez_zahl%2;          // in rest wird 0 od. 1 gespeichert
        printf("%i",rest);        // 0 od. 1 wird ausgegeben
        zahl_neu=dez_zahl/2;      // zahl_neu wird als Ganzzahl dividiert
        dez_zahl=zahl_neu;        // und als neue Dezimalzahl zugewiesen
    }while (zahl_neu != 0);       // Dividiere solange zahl_neu nicht 0 ist

    int clear_puffer;
    while ((clear_puffer = getchar()) != EOF && clear_puffer != '\n');

    getchar();
    return 0;
}
```

```
c:\documents\visual studio 2010\Projects\test_1\Debug\test_1.exe
BINAERZAHLENRECHNER
===================
Geben Sie eine Dezimalzahl ein! 250

Die Binaerzahl lautet: 01011111
```

7.6.2 Berechnung des Mittelwertes von Messwerten

Dieses Programm berechnet den Mittelwert von eingegebenen Messwerten. Wird als Messwert 0 eingegeben, soll die Abfrage beendet und der Mittelwert ausgegeben werden.

```c
int main(void)
{
    float messwert, summe=0, anz=0, mw;
    int i=1;

    printf("Eingabe von Messwerten. Abbruch mit 0!\n\n");

    do
    {
        printf("%i. Messwert? ",i);
        scanf("%f",&messwert);

        summe = summe + messwert;
        i++;
        anz++;
    }while (messwert != 0);       // Solange messwert ungleich 0 ist, wird diese Schleife
ausgeführt

    mw = summe / (anz - 1);
    printf("\nDer Mittelwert ist %.2f",mw);

    int clear_puffer;
    while ((clear_puffer = getchar()) != EOF && clear_puffer != '\n');

    getchar();
    return 0;
}
```

```
c:\documents\visual studio 2010\Projects\test_1\Debug\test_1.exe
Eingabe von Messwerten. Abbruch mit 0!

1. Messwert? 100
2. Messwert? 120
3. Messwert? 180
4. Messwert? 220
5. Messwert? 0

Der Mittelwert ist 155.00
```

7.6.3 Winkelberechnung

Unsere bereits programmierte Winkelberechnungstabelle (Abschnitt 6.4) soll nach jeder Berechnung eine Abfrage stellen, ob die Berechnung nochmals ausgeführt werden soll. Bei erneuter Ausführung soll zuerst der Bildschirm mit system("cls") gelöscht werden. Um diese Funktion nutzen zu können, müssen Sie die Headerdatei **<stdlib.h>** zuvor einbinden.

```c
#include <stdio.h>
#include <stdlib.h>
#include <math.h>

int main(void)
{
    double start, end, schritt, i, zahl=0, pi=3.14159;
    char antwort;

    do
    {
        system("cls");          //Bildschirm löschen (verlangt <stdlib.h>)
        printf("Geben Sie den Startwinkel in Grad ein! ");
        scanf("%lf",&start);

        printf("Geben Sie den Endwinkel in Grad ein! ");
        scanf("%lf",&end);

        printf("Geben Sie die Schrittweite in Grad ein! ");
        scanf("%lf",&schritt);

        printf("\nWinkel\tsin\tcos\ttan\n");
        printf("_____\n");

        for (i = start; i<=end; i=i+schritt)
        {
            zahl = (i*(pi/180)); //Umrechnung rad in grad
            printf("%.2lf\t%.2lf\t%.2lf\t%.2lf\n", i, sin(zahl), cos(zahl), tan(zahl));
        }

        int clear_puffer;
        while ((clear_puffer = getchar()) != EOF && clear_puffer != '\n');

        printf("\n\nNoch einmal? [j/n] ");
        scanf("%c",&antwort);

    }while ((antwort == 'j') || (antwort == 'J')); // Führe die Schleife aus solange antwort
ungleich j oder J ist
    return 0;
}
```

```
c:\documents\visual studio 2010\Projects\test_1\Debug\test_1.exe
Geben Sie den Startwinkel in Grad ein! 40
Geben Sie den Endwinkel in Grad ein! 90
Geben Sie die Schrittweite in Grad ein! 10

Winkel   sin      cos      tan
_____
40.00    0.64     0.77     0.84
50.00    0.77     0.64     1.19
60.00    0.87     0.50     1.73
70.00    0.94     0.34     2.75
80.00    0.98     0.17     5.67
90.00    1.00     0.00     753696.00


Noch einmal? [j/n]
```

7.6.4   Minimum und Maximum

Das folgende Programm berechnet bei Eingabe von n-verschiedenen Zahlen das Minimum und das Maximum der vom Benutzer eingegebenen Zahlen.

```c
int main(void)
{
    int i=1;
    float zahlen,zahl,min=0,max=0;

    printf("Wieviele Zahlen?");
    scanf("%f",&zahlen);
    do
    {
        printf("%i. Zahl? ", i);
        scanf("%f",&zahl);
        if (i == 1)
        {
            min = zahl;
            max = zahl;
        }
        else
        {
            if (zahl < min)
                min = zahl;
            elseif (zahl > max)
                max = zahl;
        }
        i++;
    } while (i <= zahlen);

    printf("Minimum = %.2f\tMaximum = %.2f", min,max);

    int clear_puffer;
    while ((clear_puffer = getchar()) != EOF && clear_puffer != '\n');

    getchar();
    return 0;
}
```

```
c:\documents\visual studio 2010\Projects\test_1\Debug\test_1.exe
Wieviele Zahlen?4
1. Zahl? 2
2. Zahl? 8
3. Zahl? 18
4. Zahl? 12
Minimum = 2.00   Maximum = 18.00
```

7.7 Unterbrechen von Schleifen

Innerhalb von Schleifen sind auch Unterbrechungen bzw. Sprünge möglich. Hierbei gibt es zwei unterschiedliche Möglichkeiten:

- Die Schleife wird mit `break;` beendet und das Programm wird unmittelbar nach der Schleife fortgeführt.
- Die Schleife wird mit `continue;` unterbrochen und die danach folgenden Anweisungen werden ausgeführt. Die Schleife startet erneut.

7.7.1 Die break - Anweisung

Die break - Anweisung wird verwendet um eine Schleife abzubrechen. Diese Anweisung wird eingesetzt, wenn innerhalb einer Schleife ein Ereignis auftritt, wodurch die Schleife beendet werden soll. Im folgenden Beispiel wird die while-Schleife solange ausgeführt, solange der eingegebene Wert kleiner oder gleich 10 ist. Der Abbruch erfolgt bei Wert > 10.

```c
int main(void)
{
    int wert;

    while (1)//logisch 1 = true (Endlosschleife)
    {
        printf("Bitte eine Zahl eingeben ");
        scanf("%i",&wert);

        if (wert > 10)
            break;
    }
    printf("Ihr eingegebener Wert ist > 10");

    int clear_puffer;
    while ((clear_puffer = getchar()) != EOF && clear_puffer != '\n');

    getchar();
    return 0;
}
```

```
c:\documents\visual studio 2010\Projects\test_1\Debug\test_1.exe
Bitte eine Zahl eingeben 5
Bitte eine Zahl eingeben 7
Bitte eine Zahl eingeben 9
Bitte eine Zahl eingeben 11
Ihr eingegebener Wert ist > 10
```

Der Wert (1) hinter *while* wird von C als wahr (true) interpretiert. Dadurch wird diese Schleife zu einer Endlosschleife und muss irgendwie unterbrochen werden können.

7.7.2 Die continue - Anweisung

Auch diese Anweisung ist wie die break-Anweisung eine Sprung-Anweisung. Mit **continue** wird aber die Schleife nicht verlassen, sondern ein erneuter Durchgang gestartet. Die Anweisung **continue** kann auf die **while**, **do-while** und die **for-Schleife** angewendet werden.

Das folgende Programm enthält eine Anweisung `printf(" = ein Schaltjahr");` die nicht bei jedem Durchlauf der Schleife ausgegeben werden soll. Tritt die *if*-Bedingung nicht ein, beginnt die Schleife einen erneuten Durchlauf. Ist die *if*-Bedingung aber true, wird die Anweisung ausgeführt und die Schleife startet einen erneuten Durchlauf.
Das Programm listet die Jahre von 1980 bis 2012 auf und gibt bei jedem Schaltjahr zusätzlich den Text (= ein Schaltjahr) mit aus.

```c
int main(void)
{
    int jahr;

    for (jahr=1980; jahr<=2012; jahr++)
    {
        printf("\n%i",jahr);
        if (jahr % 4)
            continue; printf(" = ein Schaltjahr");
    }
    int clear_puffer;
    while ((clear_puffer = getchar()) != EOF && clear_puffer != '\n');

    getchar();
    return 0;
}
```

```
c:\documents\visual studio 2010\Projects\test_1\Debug\test_1.exe

2007
2008 = ein Schaltjahr
2009
2010
2011
2012 = ein Schaltjahr
```

7.8 Programmbeispiele

Die folgenden Programmbeispiele sollen Ihnen als Vorlage dienen, wie Sie bestimmte Aufgaben lösen könnten. Bevor Sie aber den Programmcode genauer unter die Lupe nehmen, sollten Sie versuchen, die Beispiele selbst zu lösen.

7.8.1 Quadratische Funktion

Programmieren Sie ein Programm, welches eine Funktionstabelle einer quadratischen Gleichung erstellt. Berechnet wird die Funktion f(x) = ax²+bx+c.

Eingabe: a, b,c, startwert von x, endwert von x, schrittweite von x
Ausgabe: Tabelle (x, ax^2, bx, f(x))

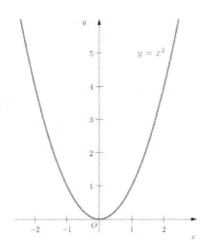

```
Funktionstabelle fuer f(x) = ax^2+bx+c
----------------------------------------
a=? 2
b=? 3
c=? 6

Startwert von x =? 1

Endwert von x =? 10

Schrittweite von x =? 1

x            ax^2        bx          f(x)
----------------------------------------
1.00         2.00        3.00        11.00
2.00         8.00        6.00        20.00
3.00         18.00       9.00        33.00
4.00         32.00       12.00       50.00
5.00         50.00       15.00       71.00
6.00         72.00       18.00       96.00
7.00         98.00       21.00       125.00
8.00         128.00      24.00       158.00
9.00         162.00      27.00       195.00
10.00        200.00      30.00       236.00
```

```c
#include <stdio.h>
#include <math.h>

int main(void)
{
    int a, b, c, start, end, schritt;
    double x;
    printf("Funktionstabelle fuer f(x) = ax^2+bx+c");
    printf("\n---------------------------------");
    printf("\na=? ");
    scanf("%i",&a);
    printf("b=? ");
    scanf("%i",&b);
    printf("c=? ");
    scanf("%i",&c);
    printf("\nStartwert von x =? ");
    scanf("%i",&start);
    printf("\nEndwert von x =? ");
```

```
    scanf("%i",&end);
    printf("\nSchrittweite von x =? ");
    scanf("%i",&schritt);
    printf("\nx\tax^2\tbx\tf(x)");
    printf("\n--------------------------");
    x = start;
    do
    {
        printf("\n%.2lf\t%.2lf\t%.2lf\t%.2lf",x,a*(pow(x,2)),b*x,a*(pow(x,2))+b*x+c);
        x = x + schritt;
    } while (x <= end);

    int clear_puffer;
    while ((clear_puffer = getchar()) != EOF && clear_puffer != '\n');

    getchar();
    return 0;
}
```

7.8.2   Fakultät einer Zahl

Die Fakultät ist in der Mathematik eine Funktion, die einer natürlichen Zahl das Produkt aller natürlichen Zahlen kleiner oder gleich dieser Zahl zuordnet. Sie wird durch ein dem Argument nachgestelltes Ausrufezeichen („!") dargestellt. 0! gilt als leeres Produkt deren Fakultät 1 ist.

Als Beispiel die Fakultät von 10!: $10! = 1*2*3*4*5*6*7*8*9*10 = 3.628.800$

Beispiele für Fakultäten 0! Bis 5!:

0!		= 1
1!	= 1*1	= 1
2!	= 1*2	= 2
3!	= 1*2*3	= 6
4!	= 1*2*3*4	= 24
5!	= 1*2*3*4*5	= 120

Schreiben Sie ein Programm, welches die Fakultät einer eingegebenen Zahl x berechnet.Mit der Eingabe von 0 soll die Berechnung beendet werden.

```
int main(void)
{
    int a,i;
    float faku;
    do
    {
        printf("Welche Fakultaet soll berechnet werden ? Abbruch mit 0\n");
        scanf("%i",&a);
        faku = 1;
        for (i = 1; i <= a; i++)
        {
            faku = faku * i;
        }
        printf("\nDie Fakultaet von %i! = %.2f\n", a, faku);
    }while (a != 0);
}
```

```
c:\documents\visual studio 2010\Projects\test_1\Debug\test_1.exe
Welche Fakultaet soll berechnet werden ? Abbruch mit 0
10

Die Fakultaet von 10! = 3628800.00
Welche Fakultaet soll berechnet werden ? Abbruch mit 0
```

7.8.3   Notendurchschnitt

Schreiben Sie ein Programm, das den Notendurchschnitt einer beliebigen Anzahl von Noten berechnet. Mit der Eingabe von 0 soll die Berechnung beendet werden.

```c
void main(void)
{
    int note, anzahl=0;
    float durchschnitt, summe=0;

    do
    {
        printf("Geben Sie eine Note ein! ");
        scanf("%i",&note);
        anzahl++;
        summe = summe + note;
    }while (note != 0);
    durchschnitt = summe /(anzahl-1);
    printf("\nDer Notendurchschnitt = %.2f", durchschnitt);
    fflush(stdin);
    getchar();
}
```

7.8.4   Die Zahlenfolge von Fibonacci

Leonardo Fibonacci (1170-1250) entdeckte eine Folge von Zahlen, die mit 1 und 1 beginnt. Jede folgende Zahl entsteht als Summe der beiden Vorgänger.

Die ersten Fibonacci-Zahlen sind also 0, 1, 1, 2, 3, 5, 8, 13, 21, 34, 55, 89, 144, 233, 377 usw.

Fibonacci stellt in seinem Buch "Liber Abaci" folgende Aufgabe:

Ein Mann hält ein Kaninchenpaar an einem Ort, der gänzlich von einer Mauer umgeben ist. Wir wollen nun wissen, wie viele Paare von ihnen in einem Jahr gezüchtet werden können, wenn die Natur es so eingerichtet hat, dass diese Kaninchen jeden Monat ein weiteres Paar zur Welt bringen und damit im zweiten Monat nach ihrer Geburt beginnen.

Schreiben Sie ein Programm welches die Fibonacci-Zahlenfolge berechnet. Der Benutzer soll die Anzahl der zu berechnenden Folgen eingeben können.

Am Ende der Berechnung soll gefragt werden, ob eine erneute Berechnung durchgeführt werden soll oder nicht.

```c
int main(void)
{
    int x, x0, x1, zahl, folge;
    int clear_puffer;
    char antwort;

    printf("Dieses Programm berechnet die Fibonacci-Folgen\n");
    do
    {
        printf("Geben Sie die Anzahl der zu berechnenden Folgen ein\n");
        scanf("%i",&folge);
        printf("Fibonacci-Folge von 1 = \t 1\n");
        x0 = 0;
        x1 = 1;
        zahl = 2;
        do
        {
            x = x0 + x1;
            x0 = x1;
            x1 = x;
            printf("Fibonacci-Folge von %i = \t %i\n", zahl, x);
            zahl++;
        }while (zahl <= folge);

        while ((clear_puffer = getchar()) != EOF && clear_puffer != '\n');

        printf("Neue Berechnung? [j / n]");
        scanf("%c",&antwort);

    }while ((antwort == 'j') || (antwort == 'J'));

    while ((clear_puffer = getchar()) != EOF && clear_puffer != '\n');
    return 0;
}
```

```
c:\documents\visual studio 2010\Projects\test_1\Debug\test_1.exe
Dieses Programm berechnet die Fibonacci-Folgen
Geben Sie die Anzahl der zu berechnenden Folgen ein
10
Fibonacci-Folge von 1  =        1
Fibonacci-Folge von 2  =        1
Fibonacci-Folge von 3  =        2
Fibonacci-Folge von 4  =        3
Fibonacci-Folge von 5  =        5
Fibonacci-Folge von 6  =        8
Fibonacci-Folge von 7  =        13
Fibonacci-Folge von 8  =        21
Fibonacci-Folge von 9  =        34
Fibonacci-Folge von 10 =        55
Neue Berechnung? [j / n]
```

7.8.5   Wurfparabel

In diesem Beispiel wird die Parabel eines Wurfes (z.B. der Wurf eines Steines) berechnet.

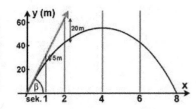

Die Wurfparabel ist die Flugbahn, die ein Körper beim schrägen Wurf in einem homogenen Schwerefeld beschreibt, wenn man den Einfluss des Luftwiderstands vernachlässigt.

Wird ein Gegenstand unter einem Winkel (a) abgeworfen, so ergibt sich seine horizontale Bewegung aus der Formel:

sx = v * cos(a) * t   (v....Geschwindigkeit in m/s, t....Zeit in s)

Die vertikale Bewegung berechnet sich aus der Formel:

sy = v * sin(a) * t - 5 * t2

Um auf m/s zu kommen, muss die Geschwindigkeit durch 3,6 dividiert werden. Die Zeit soll schrittweise um 0,1 Sekunden erhöht werden bis der Gegenstand (bei sy=0) am Boden ist.

Eingabe: Geschwindigkeit und Winkel
Ausgabe: Tabelle (Zeit, Weite, Höhe)

```
#include <stdio.h>
#include <math.h>

int main(void)
{
    double v0, a, sx, sy=0,t=0, PI=3.14159;
    int clear_puffer;

    printf("Eingabe der Abwurfgeschwindigkeit und des Winkels\n\n");
    printf("Abwurfgeschwindigkeit [km/h] = ? ");
    scanf("%lf",&v0);

    printf("Abwurfwinkel [Grad] = ? ");
    scanf("%lf",&a);

    printf("\nZeit\t\tWeite\t\tHoehe");
    printf("\n---------------------------------");
```

```
    while (sy >= 0)
    {
        sx = (v0 / 3.6) * cos(a * PI / 180) * t;
        sy = (v0 / 3.6) * sin(a * PI / 180) * t - (5 * pow(t,2));

        if (sy >= 0)
        {
            printf("\n%2.1f\t\t%2.1f\t\t%2.1f", t, sx, sy);
            t = t + 0.1;
        }
        else
        {
            while ((clear_puffer = getchar()) != EOF && clear_puffer != '\n');
            getchar();
        }
    }
    return 0;
}
```

```
c:\documents\visual studio 2010\Projects\test_1\Debug\test_1.exe
Eingabe der Abwurfgeschwindigkeit und des Winkels

Abwurfgeschwindigkeit [km/h] = ? 40
Abwurfwinkel [Grad] = ? 50

Zeit              Weite              Hoehe
_____
0                 0                  0
0                 1                  1
0                 1                  2
0                 2                  2
0                 3                  3
1                 4                  3
1                 4                  3
1                 5                  4
1                 6                  4
1                 6                  4
1                 7                  4
1                 8                  3
1                 9                  3
1                 9                  3
1                 10                 2
2                 11                 2
2                 11                 1
2                 12                 0
```

8   Zeichenweise lesen und schreiben

Um zeichenweise aus dem Standard-Eingabestrom (stdin) zu lesen und zeichenweise auf stdout (Standardausgabe) zu schreiben, können die Funktionen **getchar();** und **putchar();** verwendet werden.
Ein Strom (stream) ist eine geordnete Folge von Zeichen, die als Ziel oder als Quelle ein Gerät hat.

8.1 Die Funktion *getchar()*

Die Funktion **getchar()** dient zum Einlesen einzelner Zeichen von der Standardeingabe. Die Standardeingabe ist beispielsweise die Tastatur. Der Rückgabewert der Funktion **getchar()** ist aber vom Datentyp Integer. Das liegt daran, dass ein **char** vor der Verwendung eines Ausdrucks in einen **int**-Wert konvertiert wird.

Das Problem liegt hier in der Konstanten **EOF** (**E**nd **O**f **F**ile). Mit EOF wird das Ende einer Eingabe anzeigt. EOF ist eine define-Konstante, die in der Headerdatei **<stdio.h>** mit dem Wert **–1** deklariert ist, damit sie sich nicht mit den normalen ASCII-Zeichen überschneidet. Ist **char** dabei mit **unsigned** deklariert, können nur Zeichen zwischen 0 und 255 Platz darin finden. Dann ist aber kein Platz mehr für EOF (**-1**). Daher wurde der Rückgabewert von **getchar()** als **int** deklariert.

! Ein Zeichen wird demnach mit **getchar()** als **unsigned char** gelesen und in einen **int**-Wert umgewandelt. Da die Standardeingabe zeilengepuffert ist, wartet die Funktion **getchar()** solange bis eine Eingabe mit der ENTER-Taste abgeschlossen wurde.

Durch die Eingabe der ENTER-Taste wird der Tastaturpuffer geleert und als Dateipuffer an die Funktion **getchar()** übergeben.

Beispiel:

```
int main(void)
{
    int zeichen;

    printf("Einlesen von Zeichen: (Abbruch mit ?)");
    while((zeichen = getchar()) != '?')          // Zeichen einlesen, solange die
    Eingabe ungleich dem ? ist
    putchar(zeichen);                            // Ausgabe der eingelesenen Zeichen
    return 0;
}
```

Wird wie im Beispiel ein oder mehrere Zeichen eingegeben und die ENTER-Taste gedrückt, wird mit *putchar(zeichen);* der Text zeichenweise auf dem Bildschirm ausgegeben. Dies geschieht so lange, bis ein einzelnes Zeichen (hier ein Fragezeichen ?) eingegeben wird. Dann wird die while-Bedingung false und das Programm wird beendet.

Wenn man als Abbruchbedingung EOF (**E**nd **O**f **F**ile) wählt, sieht das Programm so aus:

```
int main(void)
{
    int zeichen;

    printf("Einlesen von Zeichen: (Abbruch mit Strg+Z)");
    while((zeichen = getchar()) != EOF)          // Zeichen einlesen, solange die
    Eingabe nicht Strg+Z ist
    putchar(zeichen);                            // Ausgabe der eingelesenen Zeichen
    return 0;
}
```

Hier werden solange Zeichen eingelesen, bis die Abbruchbedingung (EOF = Tastenkombination **Strg +
Z** (unter Windows) bzw. **Strg + D** (unter Linux)) erfüllt ist.

8.2 Die Funktion *putchar()*

Die Funktion *putchar()* schreibt ein Zeichen in die Standardausgabe (stdout).

Beispiel:

```
int main(void)
{
    int zeichen;

    printf("Einlesen von Zeichen:");
    while(zeichen = getchar())          // Zeichen einlesen (!!! Endlosschleife)
    putchar(zeichen);                   // Ausgabe der eingelesenen Zeichen
    return 0;
}
```

In diesem Beispiel werden die Zeichen A bis Z und a bis z ausgegeben:

```
#include <stdio.h>

int main(void)
{
    int i;

    for(i = 65; i < 91; i++)            // Großbuchstaben ausgeben (65 = A)
      putchar(i);

    putchar('\n');                      // Newline ausgeben

    for(i = 97; i < 123; i++)           // Kleinbuchstaben ausgeben (97 = a)
      putchar(i);

    putchar('\n');                      // Newline ausgeben

    getchar();
    return 0;
}
```

8.3 Die Funktion *gets()*

Mit *gets()* können Sie von der Standardeingabe (stdin) zeilenweise einlesen. Jedoch nur und mit dem Unterschied, dass bei *gets()* das Newline-Zeichen durch das '\0'-Zeichen ersetzt wird. Da die Funktion *gets()* nicht die Anzahl der einzugebenden Zeichen überprüft, kann dies zu einem Überlauf des Puffers (Buffer-Overflow) führen. Hier ein Programmbeispiel, welches den Unterschied der einzelnen Funktionen zeigt.

```
#include <stdio.h>
#include <conio.h>

void main(void)
{
    char name[20]; //definiert ein Feld (siehe Kapitel 8 Arrays) vom Typ char mit 20 Zeichen

    printf("Bitte geben Sie Ihren Namen ein : ");
    scanf("%s",&name);
    printf("Hallo %s\n",name);
    fflush(stdin);

    printf("Bitte geben Sie Ihren Namen ein : ");
    gets(name); //Achtung!!! max 20 Zeichen
    printf("Hallo %s\n",name);
    fflush(stdin);

    //einzelne Zeichen einlesen
    char zeichen;
    printf("Bitte geben Sie ein Zeichen ein!");
    zeichen = getchar();
    printf("\nSie haben %c eingegeben",putchar(zeichen));
    fflush(stdin);

    //mit <conio.h> Zeichen ohne carrage return direkt einlesen
    printf("\n\nZeichenweise Eingabe:");
    zeichen = getchar();
    printf("\nSie haben %c eingegeben",putch(zeichen));

    int clear_puffer;
    while ((clear_puffer = getchar()) != EOF && clear_puffer != '\n');
    getchar();
}
```

Dieses Programm zählt die Leerzeichen, welche in einem Text eingegeben werden. Der eingegebene Text wird über *putchar()* ausgegeben. Die Eingabe wird mit EOF (End Of File = Strg+Z) beendet.

```
#include <stdio.h>

void main(void)
{
    char eingabe;
    int leerzeichen=0, tabs=0, returns=0, kleinbuchstaben=0;
    printf("Geben Sie einen Text ein! (Abbruch mit Strg+Z)\n\n");
    while ((eingabe = getchar()) != EOF)       // Führe aus solange eingabe != Strg+Z
    {
        if (eingabe == ' ')leerzeichen++;
        if (eingabe == '\t')tabs++;
        if (eingabe == '\n')returns++;
        if (eingabe >='a'&& eingabe <='z')kleinbuchstaben++;
        putchar(eingabe);
    }
```

```
printf("\nDie Anzahl der Leerzeichen = %i",leerzeichen);
printf("\nDie Anzahl der Tabs = %i",tabs);
printf("\nDie Anzahl der Returns = %i",returns);
printf("\nDie Anzahl der Kleinbuchstaben = %i",kleinbuchstaben);

int clear_puffer;
while ((clear_puffer = getchar()) != EOF && clear_puffer != '\n');

getchar();
}
```

9   Arrays (Felder)

Arrays bieten die Möglichkeit, eine geordnete Folge von Werten eines bestimmten Typs abzuspeichern und zu bearbeiten. Arrays werden auch als Vektoren oder Felder bezeichnet. Arrays sind also Felder, welche eine bestimmte, vorher definierte Anzahl von Variablen erzeugen und speichern.

Es sollen z.B. Messwerte einer Woche (ein Messwert pro Tag) aufgezeichnet werden. Für jeden Messwert wird also eine Variable benötigt, die jeden Messwert speichert. Natürlich könnten wir für jeden Messwert eine Variable (m0, m1, m2, m3, m4, m5, m6) erzeugen und im Programm verarbeiten. Dies ist aber sehr umständlich und würden wir Messwerte über ein Jahr (365) benötigen, dann kommen wir mit dieser Technik nicht weiter.

Statt der vielen Variablen m0, m1, m2, m3.... verwenden wir ein Array vom Typ **int** mit dem Namen m. Das Array besteht aus sieben Feldern.

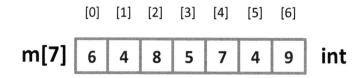

Im Feld m[0] ist der Wert **6** gespeichert
Im Feld m[1] ist der Wert **4** gespeichert
Im Feld m[2] ist der Wert **8** gespeichert
.....
Im Feld m[6] ist der Wert **9** gespeichert

! Ein Array beginnt immer an der Stelle **0**

Die Syntax zur Deklaration eines Arrays sieht wie folgt aus:

Datentyp Feldname[Anzahl der Felder];

Beispiel:

```
float wert[20];      //Array aus 20 Elementen mit dem Namen wert vom Typ float
char alpha[10];      //Array aus 10 Elementen mit dem Namen alpha vom Typ char
```

Erzeugt ein Array mit **20 Feldern** (0 bis 19) vom Datentyp **float** mit dem Namen **Feldname.**

Wir erzeugen ein Array mit 3 Feldern (3 Variablen) und ordnen den Feldern Werte zu. Anschließend sollen die Werte der einzelnen Felder ausgegeben werden.

```
#include <stdio.h>

int main(void)
{
    int wert[3];

    wert[0] = 1;
    wert[1] = 2;
    wert[2] = 3;

    printf("Im Feld 0 ist der Wert %d gespeichert", wert[0]);
    printf("Im Feld 1 ist der Wert %d gespeichert", wert[1]);
    printf("Im Feld 2 ist der Wert %d gespeichert", wert[2]);

    getchar();
    return 0;
}
```

```
Im Feld 0 ist der Wert 1 gespeichert
Im Feld 1 ist der Wert 2 gespeichert
Im Feld 2 ist der Wert 3 gespeichert
```

Im nächsten Beispiel ein Array, welches die einzelnen Messwerte mit einer for-Schleife ausgibt.

```
#include <stdio.h>

int main(void)
{
    int messwert[7];
    messwert[0] = 10;
    messwert[1] = 9;
    messwert[2] = 12;
    messwert[3] = 11;
    messwert[4] = 13;
    messwert[5] = 14;
    messwert[6] = 15;
    for (int i=0; i<=6; i++)
    {
        printf("Im Feld %d ist der Wert %d gespeichert\n",i, messwert[i]);
    }
    getchar();
    return 0;
}
```

112

Versuchen Sie die for-Schleife zu ändern und erhöhen Sie die Anzahl der Durchläufe auf i<=7.

```c
for (int i=0; i<=7; i++)
{
    printf("Im Feld %d ist der Wert %d gespeichert\n",i, messwert[i]);
}
```

Hier erhalten Sie im letzten Feld ein falsches Ergebnis. Wird der Indexbereich eines Arrays überschritten, wird mit falschen Werten weitergearbeitet.

Hier ein Programm, welches 7 Messwerte einliest, die Summe berechnet und die eingelesenen Messwerte ausgibt.

```c
#include <stdio.h>

int main(void)
{
    int summe = 0, messwert[7];          //reserviert 7 Speicherplätze

    for (int i = 0; i <= 6; i++)
    {
        printf("Bitte den %d Messwert eingeben! ", i + 1);
        scanf("%i",&messwert[i]);        //liest Messwert i ein
        summe = summe + messwert[i];
    }
    printf("Die Summe ist %i\n", summe);
    printf("Eingegeben wurden: ");
    for (int i = 0; i <= 6; i++)
    {
        printf("\n%i", messwert[i]);     //gibt die Messwerte aus
    }
    fflush(stdin);                       //Tastaturpuffer löschen
    getchar();
    return 0;
}
```

Schreiben Sie (unter Verwendung von Arrays) ein Programm für eine Firma, welches die Umsätze einer Woche ermittelt und dabei die Summe, den höchsten- und den niedrigsten Umsatz der Woche berechnet. Achten Sie darauf, dass der Indexbereich der Arrays nicht überschritten wird.

```c
#include <stdio.h>

int main(void)
{
    float summe=0, maximum, minimum, umsatz[7];
    int i;
    printf("Geben Sie bitte die Tagesumsaetze der letzten Woche ein:\n");
    for (i=0; i<7; i++)
    {
        printf("%d. Tag: ",i+1);
        scanf("%f",&umsatz[i]);
    }
    maximum = umsatz[0];
    minimum = umsatz[0];

    for (i=0; i<7; i++)
    {
        summe = summe + umsatz[0];
        if (maximum < umsatz[i])
            maximum = umsatz[i];
        if (minimum > umsatz[i])
            minimum = umsatz[i];
    }
    printf("\nGesamter Wochenumsatz: \t\tEUR %.2f\n",summe);
    printf("Hoechster Tagesumsatz: \t\tEUR %.2f\n",maximum);
    printf("Niedrigster Tagesumsatz: \tEUR %.2f\n",minimum);
    fflush(stdin);          //Tastaturpuffer löschen
    getchar();
    return 0;
}
```

```
C:\Dokumente und Einstellungen\PR\eigene dateien\visual studio 2010\Pro
Geben Sie bitte die Tagesumsaetze der letzten Woche ein:
1. Tag: 912.74
2. Tag: 879.58
3. Tag: 843.99
4. Tag: 1127.88
5. Tag: 874.82
6. Tag: 957.68
7. Tag: 913.57

Gesamter Wochenumsatz:            EUR 6389.18
Hoechster Tagesumsatz:            EUR 1127.88
Niedrigster Tagesumsatz:          EUR 843.99
```

Für das Array **umsatz** wurden 7 Felder reserviert. Die Werte werden mit der ersten for-Schleife siebenmal eingelesen. Der erste eingelesene Wert wird als Minimum und Maximum deklariert.
Mit der nächsten for-Schleife wird die neue Summe gebildet und das Minimum sowie das Maximum durch die beiden if-Abfragen festgestellt.

Wenn das Maximum kleiner ist als der aktuelle Umsatz, dann ist der aktuelle Umsatz das neue Maximum. Ist das Minimum größer als der aktuelle Umsatz, dann ist der aktuelle Umsatz das neue Minimum. Das Programm soll noch weiter verbessert werden. Es sollen auch die Tage mit dem höchsten und niedrigsten Umsatz festgestellt und am Ende ausgegeben werden.

```c
#include <stdio.h>

int main(void)
{
    float summe=0, maximum, minimum, umsatz[7];
    int i, maxtag=0, mintag=0;
    printf("Geben Sie bitte die Tagesumsaetze der letzten Woche ein:\n");
    for (i=0; i<7; i++)
    {
        printf("%d. Tag: ",i+1);
        scanf("%f",&umsatz[i]);
    }
    maximum = umsatz[0];
    minimum = umsatz[0];
    for (i=0; i<7; i++)
    {
        summe = summe + umsatz[i];
        if (maximum < umsatz[i])
        {
            maximum = umsatz[i];
            maxtag = i+1;
        }
        if (minimum >= umsatz[i])
        {
            minimum = umsatz[i];
            mintag = i+1;
        }
    }
    printf("\nGesamter Wochenumsatz: \t\t\tEUR %.2f\n",summe);
    printf("Hoechster Tagesumsatz am %d. Tag: \tEUR %.2f\n",maxtag, maximum);
    printf("Niedrigster Tagesumsatz am %d. Tag: \tEUR %.2f\n",mintag, minimum);
    fflush(stdin);          //Tastaturpuffer löschen
    getchar();
    return 0;
}
```

9.1 Programmbeispiel Binärzahlenrechner

Im Kapitel 6.6.1 wurde bereits ein einfacher Binärzahlenrechner programmiert, welcher eine Dezimalzahl in eine Binärzahl umrechnet. Im folgenden Beispiel verwenden wir dazu ein Array und geben die Binärzahl folgerichtig beginnend mit der kleinsten Stelle rechts aussen aus.

```c
#include <stdio.h>

int main(void)
{
    unsigned int wert, i, bin[8];

    printf("Bitte geben Sie eine Dezimalzal von 0 bis 255 ein: ");
    scanf("%d",&wert);

    for(i=0; i<8; i++)
    {
        bin[i]=((wert >> i)&1);  // Wert um i Stellen nach rechts schieben, mit 1 verknüpfen
und in bin[] speichern
    }

    printf("\nDie Binaerzahl lautet: ");
    for(i=0; i<8; i++)
    {
        printf("%d",bin[7-i]);  // Schleife für die umgekehrte Ausgabe
    }

    int clear_puffer;
    while ((clear_puffer = getchar()) != EOF && clear_puffer != '\n');
    getchar();
    return 0;
}
```

Mittels *scanf()* wird ein dezimaler Wert eingelesen.

Dieser Wert steht an einer bestimmten Speicheradresse und sei für dieses Beispiel 212. In der ersten for-Schleife wird beginnend mit i=0 der Wert um 0 Stellen nach rechts geschoben und logisch mit 1 (1 = 0000 0001) verknüpft. Damit wird die erste Stelle übernommen und im Array mit dem Namen bin an der Stelle [0] gespeichert.

Geshiftet wird immer auf Bitebene! Das heißt, durch den Shiftoperator **>>** oder **<<** wird eine Dezimalzahl zuerst in eine Binärzahl „umgewandelt" und um n-Stellen nach rechts oder links verschoben.

Beispiele:

$$10_d>>1 \;=1010_b>>1 \qquad =0101_b \qquad\qquad =5_d$$

$$10_d<<1 \;=1010_b<<1 \qquad =10100_b \qquad\quad =20_d$$

$$10_d<<2 \;=1010_b<<2 \qquad =101000_b \qquad =40_d$$

Durch die logische &-Verknüpfung (&1) wird der eingegebene Wert binär mit 0000 0001 verknüpft. Eine logische UND-Verknüpfung ergibt nur dann 1, wenn beide zu verknüpfenden Binärzahlen 1 sind:

0 & 0 = 0
0 & 1 = 0
1 & 0 = 0
1 & 1 = 1

Damit Sie diesen Vorgang genau nachvollziehen können, wird wie folgt jeder Schleifendurchlauf explizit dargestellt:

1. Durchlauf der for-Schleife:

```
>> 0     1101 0100
&        0000 0001
=        0000 0000→0 wird an der Stelle 0 des Arrays gespeichert.     →     bin[0] = 0;
```

2. Durchlauf der for-Schleife:

```
>> 1     0110 1010
&        0000 0001
=        0000 0000→0 wird an der Stelle 1 des Arrays gespeichert.     →     bin[1] = 0;
```

3. Durchlauf der for-Schleife:

```
>> 2     0011 0101
&        0000 0001
=        0000 0001→1 wird an der Stelle 2 des Arrays gespeichert.     →     bin[2] = 1;
```

4. Durchlauf der for-Schleife:

```
>> 3    0001 1010
&       0000 0001
=       0000 0000→0 wird an der Stelle 3 des Arrays gespeichert.    →    bin[3] = 0;
```

5. Durchlauf der for-Schleife:

```
>> 4    0000 1101
&       0000 0001
=       0000 0001→1 wird an der Stelle4 des Arrays gespeichert.    →    bin[4] = 1;
```

6. Durchlauf der for-Schleife:

```
>> 5    0000 0110
&       0000 0001
=       0000 0000→0 wird an der Stelle5 des Arrays gespeichert.    →    bin[5] = 0;
```

7. Durchlauf der for-Schleife:

```
>> 6    0000 0011
&       0000 0001
=       0000 0001→1 wird an der Stelle6 des Arrays gespeichert.    →    bin[6] = 1;
```

8. Durchlauf der for-Schleife:

```
>> 7    0000 0001
&       0000 0001
=       0000 0001→1 wird an der Stelle7 des Arrays gespeichert.    →    bin[7] = 1;
```

Schlussendlich ist das Array *bin[]* wie in der folgenden Darstellung an den Stellen 0 bis 7 gefüllt:

bin	0	1	2	3	4	5	6	7
	0	0	1	0	1	0	1	1

Wie Sie sehen, ist die Binärzahl im Array verkehrt herum gespeichert.

Um die Ausgabe der Binärzahlen auf die richtige Stelle zu bringen, muss das Array von hinten beginnend ausgelesen werden. Dazu wird eine weitere for-Schleife verwendet, die beginnend mit der 7.Stelle des Arrays die Werte ausliest und mit *printf()* ausgibt.

```
for(i=0; i<8; i++)
{
    printf("%d",bin[7-i]);  // Schleife für die umgekehrte Ausgabe
}
```

9.2 Initialisierungen von Arrays

Um ein Array zu initialisieren gibt es verschiedene Möglichkeiten. Bisher wurden Arrays zuerst initialisiert und die Werte über eine Feldzuweisung in das entsprechende Feld des Arrays geschrieben.

Man kann die Werte beispielsweise auch direkt in geschweiften Klammern angeben.

Beispiel:

```
#include <stdio.h>

int main(void)
{
    int i, wert[5] = {1,5,8,3,7};

    for(i=0; i<5; i++)
    {
        printf("\nEintrag im Index %d = %d",i ,wert[i]);
    }
    getchar();
    return 0;
}
```

```
C:\Dokumente und Einstellungen
Eintrag im Index 0 = 1
Eintrag im Index 1 = 5
Eintrag im Index 2 = 8
Eintrag im Index 3 = 3
Eintrag im Index 4 = 7
```

Initialisierung mit Null

Ist bei der Initialisierung eines Arrays die Anzahl der Werte kleiner als die Feldgröße des Arrays, werden die nicht zugewiesenen Werte mit 0 initialisiert.

```
#include <stdio.h>

int main(void)
{
    int i, wert[8] = {1,5,8,3,7};
    for(i=0; i<8; i++)
    {
        printf("\nEintrag im Index %d = %d",i ,wert[i]);
    }
    getchar();
    return 0;
}
```

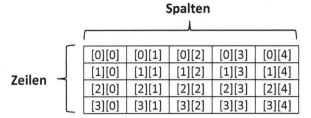

```
Eintrag im Index 0 = 1
Eintrag im Index 1 = 5
Eintrag im Index 2 = 8
Eintrag im Index 3 = 3
Eintrag im Index 4 = 7
Eintrag im Index 5 = 0
Eintrag im Index 6 = 0
Eintrag im Index 7 = 0
```

Soll ein Array am Anfang komplett mit 0 initialisiert werden, kann man dies folgendermaßen durchführen:

```
int i, wert[8] = { 0 };
```

Bestimmung der Feldgröße durch die Initialisierung eines Arrays

Entfällt bei der Initialisierung eines Arrays die Feldgröße, wird die Anzahl der Felder durch die Anzahl der Initialisierungswerte bestimmt. Das folgende Array hat z.B. die Feldgröße 5:

```
int i, wert[] = { 1, 2, 3, 4, 5 };
```

9.3 Mehrdimensionale Arrays (Matrix)

Zwei- oder mehrdimensionale Arrays werden beispielsweise für Berechnungen, Grafiken oder Spiele benötigt. Ein zweidimensionales Array kann man sich als Tabelle vorstellen, welche aus Zeilen und Spalten besteht.

Spalten

Zeilen

[0][0]	[0][1]	[0][2]	[0][3]	[0][4]
[1][0]	[1][1]	[1][2]	[1][3]	[1][4]
[2][0]	[2][1]	[2][2]	[2][3]	[2][4]
[3][0]	[3][1]	[3][2]	[3][3]	[3][4]

Die linke obere Ecke beginnt mit dem Zeilen- und Spaltenindex [0][0]. Das Element rechts daneben hat den Index [0][1] (Zeile 1 / Spalte 2), das Element in der 2. Zeile und 4. Spalte hat den Index [1][3] usw.

Dieses Element kann z.B. durch die Zuweisung

```
int Tabelle[1][3] = 2;
```

initialisiert werden. Im folgenden Beispiel wird ein zweidimensionales Array mit 4 Zeilen und 5 Spalten mit Werten initialisiert:

```
#include <stdio.h>

int main(void)
{
    int Tabelle[4][5] =
    {
        {1,2,3,4,5},
        {6,7,8,9,10},
        {11,12,13,14,15},
        {16,17,18,19,20}
    };

    for(int i=0; i<4; i++)
    {
        for(int j=0; j<5; j++)
        {
            printf("%d,",Tabelle[i][j]);
        }
    }
    getchar();
    return 0;
}
```

```
C:\Dokumente und Einstellungen\PR\eigene dateien\visual studio 201
1,2,3,4,5,6,7,8,9,10,11,12,13,14,15,16,17,18,19,20,
```

9.4 Programmbeispiel 10x10 Matrix

Das folgende Programm soll eine 10x10 Matrix mit den Zahlen von 1 bis 100 füllen. In der ersten Zeile sollen die Zahlen von 1 bis 10, in der zweiten Zeile von 11 bis 20 usw. ausgegeben werden:

1	2	3	4	5	6	7	8	9	10
11	12	13	14	15	16	17	18	19	20
21	22	23	24	25	26	27	28	29	30
31	32	33	34	35	36	37	38	39	40
41	42	43	44	45	46	47	48	49	50
51	52	53	54	55	56	57	58	59	60
61	62	63	64	65	66	67	68	69	70
71	72	73	74	75	76	77	78	79	80
81	82	83	84	85	86	87	88	89	90
91	92	93	94	95	96	97	98	99	100

```c
#include <stdio.h>

int main(void)
{
    int Matrix[10][10];
    int i,j;

    for(j=0; j<10; j++)
    {
        for(i=0; i<10; i++)
        {
            Matrix[j][i] = j*10 + i+1;
        }
    }

    for(j=0; j<10; j++)
    {
        for(i=0; i<10; i++)
        {
            printf("%4d ",Matrix[j][i]);
        }
        printf("\n");
    }
    getchar();
    return 0;
}
```

```
C:\Dokumente und Einstellungen\PR\eigene dateien\visual studio 2010
   1    2    3    4    5    6    7    8    9   10
  11   12   13   14   15   16   17   18   19   20
  21   22   23   24   25   26   27   28   29   30
  31   32   33   34   35   36   37   38   39   40
  41   42   43   44   45   46   47   48   49   50
  51   52   53   54   55   56   57   58   59   60
  61   62   63   64   65   66   67   68   69   70
  71   72   73   74   75   76   77   78   79   80
  81   82   83   84   85   86   87   88   89   90
  91   92   93   94   95   96   97   98   99  100
```

10   Zeichenketten (Strings)

Ein wichtiger Bestandteil eines Programms sind Zeichenketten, sogenannte Strings. Strings speichern Texte und Zeichen inkl. Fehlermeldungen. C kennt aber keinen Datentyp, der speziell für Strings geschaffen ist. In C ist ein String einfach ein **Feld** mit **char**-Werten!

Um eine Zeichenkette speichern zu können, wird ein Feld benötigt, das groß genug ist, den gesamten Text bzw. die gesamten Zeichen aufzunehmen.

Deklaration eines Strings:

> char Feldname[Anzahl der Felder];

Beispiel: char eingabe[20];

reserviert im Speicher ein Feld mit dem Namen eingabe und reserviert Platz für 20 char-Werte. Bei der Programmierung ergibt sich aber bei Strings ein Problem! Angenommen Sie haben mit `char eingabe[20];` einen Platz für 20 Zeichen reserviert. Sie geben als Zeichenfolge „C ist super" ein. Wie soll nun das Programm erkennen, das nach dem r von super der Text zu Ende ist?

Man müßte dem Programm durch eine Endmarkierung irgendwie mitteilen können, dass hier das Ende ist. Das geschieht in C durch die **binäre 0**! Die binäre 0 ist nicht die Ziffer 0 sondern das Zeichen mit dem **ASCII-Code 0!**

Dieses Zeichen wird mit `'\0'`eingegeben. Die beiden Hochkommas müssen unbedingt mit eingegeben werden.

Die Zeichenkette sieht dann im Speicher so aus:

0	1	2	3	4	5	6	7	8	9	10	11
C		i	s	t		s	u	p	e	r	\0

Die binäre 0 müssen Sie aber nur im Ausnahmefall selbst eingeben. Normalerweise erledigen das die entsprechenden Stringfunktionen für Sie.

Das folgende Programm erwartet die Eingabe eines Satzes (String), welcher dann wieder mit dem Platzhalter **%s** ausgegeben wird. Der Buchstabe **s** im Platzhalter steht für String.

Wird dieser Platzhalter von der Funktion *printf()* gefunden, weiß die Funktion, dass jetzt eine Zeichenkette, also ein char-Feld zu drucken ist. Dabei wird beim 1. Element Feld[0] begonnen und ein Zeichen nach dem anderen ausgegeben, bis die binäre 0 gefunden wird, die die Ausgabe beendet.

```c
#include <stdio.h>

void main(void)
{
    char Feld[50];        //Reserviert Platz für 50 Zeichen

    printf("Bitte geben Sie einen String ein! ");
    gets(Feld);           //Einlesen von Zeichenketten
    printf("\nSie haben > %s < eingegeben",Feld);
}
```

Starten Sie das Programm und geben Sie den Satz

     ich bin ein String

ein. Wenn Sie die Taste Enter gedrückt haben, wird der Satz

     Sie haben > ich bin ein String < eingegeben

angezeigt.

Die Funktion *gets()* dient der Eingabe von Zeichenketten. In den Klammern hinter gets wird einfach der Name des Feldes angegeben, in das der Text gespeichert werden soll. Um die binäre 0 müssen Sie sich hier nicht kümmern, da das die Funktion *gets()* erledigt.

Versuchen Sie das Programm weiter auszubauen. Nach der Ausgabe sollen die eingegebenen Zeichen einzeln (eines pro Zeile) beginnend mit dem 1. Zeichen ausgegeben werden. Die zeichenweise Ausgabe soll solange erfolgen, bis das Ende der Zeichenkette durch die binäre 0 erkannt wird.

```
#include<stdio.h>

void main(void)
{
    char Feld[50];
    int i=0;

    printf("Bitte geben Sie einen String ein! ");
    gets(Feld);
    printf("\nSie haben > %s < eingegeben\n",Feld);

    while (Feld[i] != '\0')
    {
        printf("\t%c\n",Feld[i]);//%c für Zeichen
        i++;
    }
}
```

Die zeichenweise Ausgabe pro Zeile wird mit einer while-Schleife ausgeführt. Die Zeichen werden solange ausgegeben, solange der Wert eines Feldes ungleich der binären 0 ist.

Achten Sie hier auf den Platzhalter der Ausgabe! Da hier einzelne Zeichen ausgegeben werden sind diese vom Typ **char**.

Schreiben Sie ein Programm, das einen Text (String) einließt und die Anzahl der Selbstlaute zählt und ausgibt.

<u>Variante1:</u>

```
#include<stdio.h>

int main(void)
{
    char eingabe;
    int selbstlaut=0;

    printf("Geben Sie einen Text ein! Abbruch mit Strg+Z");
    while ((eingabe = getchar()) != EOF)
    {
        if (eingabe == 'a')selbstlaut++;
        if (eingabe == 'e')selbstlaut++;
        if (eingabe == 'i')selbstlaut++;
        if (eingabe == 'o')selbstlaut++;
        if (eingabe == 'u')selbstlaut++;
    }
    printf("\nDer Text enthaelt %d Selbstlaute",selbstlaut);
    return 0;
}
```

Variante2:

```c
#include<stdio.h>

int main(void)
{
    char eingabe[50];
    int selbstlaut=0, i=0;

    printf("Geben Sie einen Text ein!");
    gets(eingabe);
    while (eingabe[i] != '\0')
    {
        if (eingabe[i] == 'a')selbstlaut++;
        if (eingabe[i] == 'e')selbstlaut++;
        if (eingabe[i] == 'i')selbstlaut++;
        if (eingabe[i] == 'o')selbstlaut++;
        if (eingabe[i] == 'u')selbstlaut++;
        i++;
    }
    printf("\nDer Text enthaelt %d Selbstlaute",selbstlaut);
    return 0;
}
```

In der 1. Variante passiert der Abruch mit EOF. In Variante 2 wird jedes einzelne Zeichen im Feld **eingabe[]** geprüft und ausgewertet. Bei Eingabe der Enter-Taste wird die while-Bedingung false und das Programm wird nach der Schleife fortgeführt.

Mit `char eingabe[50];` wird Platz für 50 Zeichen reserviert. Denken Sie aber daran, dass hier nur 49 Zeichen für den Text nutzbar sind, da der letzte Platz im Feld die binäre Null (\0) aufnehmen muss.

Um die gesamte Länge einer Zeichenkette zu überprüfen, gibt es in C die Funktion *strlen()*. Die Funktion *strlen()* ermittelt die Länge einer Zeichenkette. Um diese Funktion in ihrem Programm nutzbar zu machen, müssen Sie zuerst die Präprozessoranweisung `#include <string.h>` einfügen.

Wenn Sie Ihr Programm um die Anweisung

```c
printf("\nDer Text besteht aus %i Zeichen",strlen(eingabe));
```

ergänzen, erhalten Sie die Anzahl der Zeichen.

11 Funktionen

Eine Forderung der strukturierten Programmierung ist die Modularisierung. Dabei wird ein Programm in mehrere Programmabschnitte (Module) zerlegt. In C werden diese Module auch als Funktionen bzw. Unterprogramme bezeichnet.

Funktionen sind also kleine Unterprogramme, die Teile einer größeren Aufgabe lösen können. Eine Funktion führt z.B. die Eingabe aus, die andere die Verarbeitung und die nächste die Ausgabe. Funktionen werden der Reihe nach (wie Sie aufgerufen werden) ausgeführt.

Allgemeine Syntax einer Funktion:

```
Rückgabetyp Funktionsname(Parameter)
```

Auch die Hauptfunktion *main()* ist eine Funktion.

z.B.:　　　　void main(void)

Rückgabetyp　　void = leer
Parameter　　void = leer

Rückgabetyp　Funktionsname　(Parameter)

Gliederung einer Funktion:

- **Rückgabetyp** – Hier wird der **Datentyp des Rückgabewerts** festgelegt. Dabei können alle Datentypen verwendet werden. Eine Funktion ohne Rückgabewert wird als **void** (leer) deklariert. Ist kein Rückgabetyp angeben, wird automatisch eine Funktion mit Rückgabewert vom Datentyp **int** erzeugt.

- **Funktionsname** – Dies ist ein eindeutig definierter Funktionsname, mit dem Sie die Funktion von einer anderen Stelle im Programmcode aufrufen können. Für den Funktionsnamen gelten dieselben Regeln wie für Variablen.

- **Parameter**– Die Parameter einer Funktion werden durch den Datentyp und einen Namen spezifiziert und durch ein Komma getrennt. Wird kein Parameter verwendet, können Sie zwischen die Klammern entweder **void** schreiben oder die Klammern auch leer **()** lassen.

Die Modularisierung mittels Funktionen hat eine Reihe von Vorteilen:

1.) Bessere Lesbarkeit durch Aufteilung in Module

Der Quellcode eines Programms kann schnell tausende Zeilen umfassen. Beim Linux Kernel sind es sogar über 5 Millionen Zeilen und Windows, das ebenfalls zum Großteil in C geschrieben wurde, umfasst auch mehrere Millionen Programmzeilen. Um dennoch die Lesbarkeit des Programms zu gewährleisten, ist die Modularisierung absolut notwendig.

2.) Wiederverwendbarkeit

In fast jedem Programm tauchen gleiche Problemstellungen mehrmals auf. Da nur Parameter und Rückgabetyp für die Benutzung einer Funktion bekannt sein müssen, erleichtert dies die Wiederverwendbarkeit. Um die Details der Implementierung muss sich der Entwickler dann auch nicht mehr kümmern.

3.) Wartung

Fehler lassen sich durch die Modularisierung wesentlich leichter finden und beheben. Darüber hinaus ist es leichter, weiteren Programmcode hinzuzufügen oder zu ändern.

11.1 Aufruf einer Funktion

Hier ein praktisches Beispiel, wie eine Funktion erstellt und aufgerufen wird. Wir schreiben eine Funktion, die nur einen Text am Bildschirm ausgeben soll.

```
#include <stdio.h>

void ausgabe(void)        // Funktion ausgabe (Die Funktion muss in diesem Fall vor main()
stehen)
{
    printf("Hallo, ich bin eine Funktion!");
}

void main(void)
{
    ausgabe();            // Funktionsaufruf der Funktion ausgabe();
}
```

Das Programm startet immer bei main und die Funktion *ausgabe()* wird aufgerufen und ausgeführt. Die Funktion hat keinen Rückgabetyp und keinen Parameter. Starten Sie das Programm mit Strg+F5.

Hier der Ablauf grafisch dargestellt:

Durch den Aufruf der Funktion wird zur ersten Anweisung 1.) der Funktion *ausgabe()* gesprungen. Nach der letzten Anweisung der Funktion *ausgabe()* springt das Programm an die dem Funktionsaufruf folgende Stelle 2.).

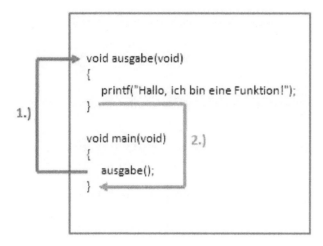

In diesem Beispiel wird die Funktion vom Compiler sofort erkannt, da sie **vor *main()*** steht und damit bereits **vor** dem **Funktionsaufruf** deklariert wurde! Würde man die Funktion *ausgabe()* aber nach *main()* schreiben, muss die Funktion **vorher** (also vor main) dem Compiler bekannt gemacht (deklariert) werden.

Die Deklaration einer Funktion wird im Gegensatz zur Funktionsdefinition mit einem Semikolon abgeschlossen. Funktionsdeklarationen sollten aber nicht nur dann vorgenommen werden, wenn die

Funktionen hinter der *main()*-Funktion stehen. Es ist auch möglich, dass eine Funktion andere Funktionen aufruft.

Schreiben wir unser Beispiel um und stellen wir die Funktion *ausgabe()* hinter *main()*. Damit der Compiler die Funktion auch erkennt, wird Sie **zuvor** deklariert.

```
#include <stdio.h>

void ausgabe(void);      // Deklaration der Funktion ausgabe().

void main(void)
{
    ausgabe();           // Funktionsaufruf der Funktion ausgabe();
}

void ausgabe(void)       // Funktion ausgabe (steht hier hinter main()
{
    printf("Hallo, ich bin eine Funktion!");
}
```

Beispiel:

Ein mit Funktionen strukturierter Programmcode könnte wie folgt aussehen:

```
#include <stdio.h>

void eingabe(void);          //Deklaration der Funktion eingabe
void verarbeitung(void);     //Deklaration der Funktion verarbeitung
void ausgabe(void);          //Deklaration der Funktion ausgabe

void main(void)
{
    eingabe();               //Aufruf der Funktion eingabe
    verarbeitung();          //Aufruf der Funktion verarbeitung
    ausgabe();               //Aufruf der Funktion ausgabe

    getchar();
}

void eingabe(void)           //Funktion eingabe
{
    printf("Daten einlesen");
}
void verarbeitung(void)      //Funktion verarbeitung
{
    printf("Daten verarbeiten\n");
}
void ausgabe(void)           //Funktion ausgabe
{
    printf("Daten ausgeben\n");
}
```

128

Im folgenden Beispiel wird eine Funktion von einer Funktion aufgerufen. Wäre hier keine Vorwärtsdeklaration aller Funktionen vorgenommen worden, hätte der Compiler beim Übersetzen ein Problem mit der Funktion *funktion1()* gehabt. Denn in *funktion1()* steht der Funktionsaufruf *funktion3()*.

Dem Compiler ist aber bis dahin eine solche Funktion noch unbekannt, da diese erst weiter unten im Quellcode implementiert wird.

```c
#include <stdio.h>

void funktion1(void);
void funktion2(void);
void funktion3(void);

void funktion1(void)
{
    printf("Ich bin die funktion1 \n");
    funktion3();
}

void funktion2(void)
{
    printf("Ich bin die funktion2 \n");
}

void funktion3(void)
{
    printf("Ich bin die funktion3 \n");
    funktion2();
}

void main(void)
{
    funktion1();
}
```

11.2   Parameterübergabe

Durch die Modularisierung mit Funktionen wird es allerdings auch notwendig, die Daten, die bearbeitet werden sollen von einer Funktion an eine andere Funktion zu „senden". Das allgemeine Prinzip der EDV ist:

1.	Daten eingeben:	eingabe(int& var)
2.	Daten verarbeiten:	ergebnis = verarbeitung (int var)
3.	Daten ausgeben:	ausgabe(int var, int ergebnis)

Wird jeder Punkt in einer eigenen Funktion bearbeitet, so müssen die Daten von der Funktion *eingabe()* an die Funktion *verabreitung()* und schließlich an die Funktion *ausgabe()* „gesendet" werden.

Dies wird in den meisten Fällen mittels **Parametern** realisiert. **Parameter sind definierte Schnittstellen von Funktionen**, die in drei Gruppen aufgeteilt werden können:

- Werte-Parameter   **(call by value)**
- Referenz-Parameter   **(call by reference)**
- Rückgabewerte   **(return wert)**

Es werden zwei grundlegende Parameter definiert:

- **formaler Parameter**
  Bezeichner, der in einer Funktion verwendet wird um einen Wert aufzunehmen, der an die Funktion vom Aufrufer übergeben wird.

- **aktueller Parameter**
  Der tatsächliche Wert, der an die Funktion durch den Aufrufer übergeben wird.

Beim Aufruf einer Funktion muss für **jeden formalen** Parameter ein passender **aktueller Parameter** angegeben werden.

Aktuelle Parameter können beliebige Ausdrücke sein. Alle aktuellen Parameter werden vor dem Eintritt in die Funktion ausgerechnet und die berechneten Werte in die formalen Parameter **kopiert**.

11.3   Parameterübergabe mit call by value

Werte-Parameter dienen dazu, an eine Funktion **Daten** zu **übergeben**. Eine Änderung des Parameters in der Prozedur hat keine Wirkung nach außen.

Ablauf:

1. Eine **Kopie der Variable** wird auf dem Stack abgelegt.
2. Zum Zeitpunkt des Aufrufs der Funktion wird ein Wert vom Stack an den formalen Parameter übergeben.
3. Die Veränderung der Kopie (am Stack) innerhalb der Funktion hat keine Auswirkung auf die ursprüngliche Variable.

```
int ergebnis;

ergebnis = funktion(aktuellerParameter);            //Funktionsaufruf
```

Kopie des   Kopie des Wertes von
return-Arguments   aktuellerParameter über Stack

```
int funktion(int formalerParameter)                 //Funktionsdefinition
```

Beispiel:

```c
#include <stdio.h>

int ergebnis(int zahl1, int zahl2);                        // 1.)

void main(void)
{
    int zahl1, zahl2;

    printf("Bitte die 1.Zahl eingeben!");
    scanf("%i",&zahl1);
    printf("Bitte die 2.Zahl eingeben!");
    scanf("%i",&zahl2);
    printf("Die Summe = %i\n",ergebnis(zahl1, zahl2));   // 2.)
    getchar();
}

int ergebnis(int zahl1, int zahl2)                         // 3.)
{
    int ergebnis;
    ergebnis = zahl1 + zahl2;
    return ergebnis;
}
```

```
C:\Windows\system32\cmd.exe
Bitte die 1.Zahl eingeben!3
Bitte die 2.Zahl eingeben!5
Die Summe = 8
Drücken Sie eine beliebige Taste . . .
```

//1.)   Funktionsdeklaration (Prototyping).

//2.)   Funktionsaufruf der Funktion *ergebnis()* und Übergabe der Parameter **zahl1** und **zahl2**. Der Rückgabewert steht in der Variablen **ergebnis** und wird mit **return** an die aufrufende Funktion zurückgegeben.

//3.)   Funktionsdefinition und Aufnahme der formalen Parameter **zahl1** und **zahl2** vom Typ Integer. Die formalen Parameter **zahl1** und **zahl2** sind eine **Kopie** der Übergabeparameter **zahl1** und **zahl2** und werden an einer anderen Adresse auf dem Stack gespeichert. Dies kann beim Debuggen sehr gut beobachtet werden.

Hier die Speicheradressen der Übergabeparameter **zahl1** und **zahl2**.

Name	Wert	Typ
⊞ ● &zahl1	0x0013ff60	int *
● zahl1	3	int
⊞ ● &zahl2	0x0013ff54	int *
● zahl2	2	int
⊞ ● &ergebnis	0x00411500 "U◁□ìï"	char *
●≡ ergebnis	0x00411500 ergebnis(int, int)	int (int, in

Überwachen 1

Hier die Speicheradressen der formalen Parameter **zahl1** und **zahl2**.

Name	Wert	Typ
⊞ ● &zahl1	0x0013fe7c	int *
● zahl1	3	int
⊞ ● &zahl2	0x0013fe80	int *
● zahl2	2	int
⊞ ● &ergebnis	0x0013fe6c	int *
● ergebnis	-858993460	int

Überwachen 1

11.4 Rückgabewert einer Funktion

Return kann dazu verwendet werden um einen Wert an die aufrufende Funktion zurück zu geben. Im letzten Beispiel wird eine Kopie des Ergebnisses (return ergebnis) an die Variable ergebnis der aufrufenden Funktion übergeben. Sollen mehrere Werte an die aufrufende Funktion zurückgegeben werden so muss dies mit den Referenz-Parametern erfolgen.

Wir schreiben eine Funktion für die Berechnung der Oberfläche eines Zylinders:

```
#include<stdio.h>
float zylinder_oberflaeche(float hoehe, float radius)          // * 3
{
    float oberflaeche,pi=3.14;
    oberflaeche=2*pi*radius*(radius+hoehe);
    return oberflaeche;                                          // * 4
}
void main(void)                                                 // * 1
{
    float radius,hoehe;
    printf("Programm zur Berechnung einer Zylinderoberflaeche");
    printf("\n\nHoehe des Zylinders: ");
    scanf("%f",&hoehe);
    printf("\nRadius des Zylinders: ");
    scanf("%f",&radius);
    printf("Oberflaeche: %f\n",zylinder_oberflaeche(hoehe,radius));   // * 2
}
```

```
C:\Windows\system32\cmd.exe
Programm zur Berechnung einer Zylinderoberflaeche

Hoehe des Zylinders: 10

Radius des Zylinders: 4
Oberflaeche: 351.680023
Drücken Sie eine beliebige Taste . . .
```

*1 Hier beginnt unser Hauptprogramm. Die entsprechenden Daten werden eingelesen und in den beiden Variablen **hoehe** und **radius** vom Typ **float** gespeichert.

*2 Mit `zylinder_oberflaeche(hoehe,radius));` wird die Funktion `zylinder_oberflaeche` aufgerufen und die beiden Parameter (**hohe, radius**) werden übergeben.

*3 Mit `float zylinder_oberflaeche(float hoehe, float radius)` beginnt die Funktionsdefinition. Das **float** am Anfang der Funktion, der sogenannte **Funktionstyp**, sagt dem Compiler, dass ein Wert mit dem Typ float **zurückgegeben** wird. In den Klammern werden die **Übergabeparameter hoehe** und **radius** deklariert, die der Funktion **übergeben** werden.

*4 Mit **return** wird die Funktion beendet und ein **Wert an die aufrufende Funktion** (in diesem Fall zylinder_oberflaeche) zurückgegeben. In unserem Beispiel geben wir den **Wert** von **oberflaeche** zurück, also das Ergebnis unserer Berechnung. Der Datentyp des Ausdrucks muss mit dem Typ des Rückgabewertes übereinstimmen.

Soll der aufrufenden Funktion kein Wert zurückgegeben werden, muss als Typ der Rückgabewert **void** angegeben werden. Eine Funktion, die nur einen Text ausgibt hat beispielsweise den Rückgabetyp **void**, da sie **keinen Wert** zurückgibt.

Hier ein weiteres Beispiel eines Funktionsaufrufes. Die Funktion steht hier aber nach *main()* und muss daher **vorher** deklariert werden.

Mit `printf("Das Quadrat von %.2f = %.2f",zahl,ergebnis(zahl));` wird die Funktion ergebnis aufgerufen und als Übergabeparameter wird der Wert von zahl übergeben. Dieser Wert ist vom Datentyp **float**. Daher muss auch der Übergabeparameter `(float zahl)` vom Typ **float** sein.

Die Funktion selbst berechnet das Quadrat von zahl und speichert das Ergebnis in die Variable ergebnis. Das Ergebnis der Berechnung wird mit `return ergebnis;` an die aufrufende Funktion zurückgegeben und dort mit *printf()* auf dem Bildschirm ausgegeben.

```c
#include <stdio.h>

float ergebnis(float zahl);        //Deklaration der Funktion ergebnis

void main(void)
{
    float zahl;

    printf("Bitte eine Zahl eingeben!");
    scanf("%f",&zahl);
    printf("Das Quadrat von %.2f = %.2f", zahl, ergebnis(zahl));
}

float ergebnis(float zahl)         //Funktion ergebnis
{
    float ergebnis;
    ergebnis = zahl * zahl;
    return ergebnis;
}
```

Die folgenden Beispiele enthalten Funktionsdefinitionen, die typische Anfängerfehler zeigen:

```c
void berechnung()
{
    // C - Code
    return 10;
}
```

Hier wird die Funktion berechnung als **void** deklariert und enthält mit return 10; einen Rückgabetyp. Eine Funktion, die als **void** deklariert ist darf keinen Rückgabetyp erhalten. Der Compiler wird hier einen Fehler oder eine Warnung ausgeben.

Im nächsten Beispiel wird der Compiler aber keine Fehlermeldung ausgeben. Die Syntax ist hier korrekt, jedoch wird die Funktion an der Stelle return 10; beendet und die Funktion *printf()* wird nie ausgeführt.

```c
int berechnung()
{
    // C - Code
    return 10;
    printf("Diese Zeile wird niemals ausgeführt");
}
```

Im folgenden Beispiel arbeitet das Programm korrekt. Eine Funktion darf zwar nur einen einzigen Rückgabewert erhalten, jedoch kann sie aber mehrere return-Anweisungen enthalten. Als Ergebnis wird hier entweder der Parameter **a** oder **b** zurückgegeben.

```c
int berechnung(int a, int b)
{
    if (a >= b)
    return a;
    if (a < b)
    return b;
}
```

134

11.5 Parameterübergabe mit call by reference

Referenz-Parameter (formaler Parameter mit einem kaufmännischen **&**) haben den Zweck, Ergebnisse aus einer Funktion der aufrufenden Funktion zur Verfügung zu stellen (Output-Parameter). In den meisten Programmiersprachen können die Referenz-Parameter auch als Werte-Parameter verwendet werden.

```
funktion(aktuellerParameter);          //Funktionsaufruf
```

Adresse von aktueller Parameter über Stack

```
void funktion(int& formalerParameter)    //Funktionsdefinition
```

Ablauf:

1. Die **Adresse** der Variable wird am Stack abgelegt.
2. Beim Aufruf der Funktion wird die Adresse vom Stack, also die ursprüngliche Variable selbst verwendet.
3. Eine Änderung der Variablen innerhalb der Funktion ändert auch die ursprüngliche Variable in der aufrufenden Funktion.
4. Im Aufruf können daher nur Variablen stehen, die vom selben Typ bzw. konvertierbar sind.

Auch hier können **mehrere Parameter** verwendet werden:

```
int funktion(int para1, float para2, char para3)        // Funktionsdefinition

ergebnis = funktion(in, fl, ch);         // Funktionsaufruf mit Parameterübergabe
```

Achtung! Die Anzahl, Reihenfolge und Datentyp der jeweiligen Parameter müssen übereinstimmen.

Beispiel:

```c
#include <stdio.h>

void berechnung(int&x)
{
    x*=2;  //ist gleich wie x=x*2
    printf("Zahl in der Funktion = %i\n",x);
    printf("Adresse von x = %p\n",&x);
}
void main(void)
{
    int zahl = 10;
    printf("Adresse von zahl = %p\n",&zahl);
    berechnung(zahl);
    printf("Zahl in main = %i\n",zahl);
}
```

Wenn Sie das Programm starten, erhalten Sie folgende Ausgabe:
(Die Adresse der Variablen kann bzw. wird bei Ihnen abweichend sein)

Wenn Sie das Programm mit F11 debuggen, können Sie den Verlauf mit dem Fenster „überwachen"
gut beobachten.

1. Das Programm startet in *main()*
2. Die Variable zahl erhält die Adresse 0x0013ff60 im Hauptspeicher und diese
   Adresse wird am Stack abgelegt. Der Variablen zahl wird der Wert 10 zugewiesen

Überwachen 1

Name	Wert		Typ
zahl	10	⟳	int
⊞ &zahl	0x0013ff60	⟳	int *
x	10		int &
⊞ &x	0x0013ff60		int *

3. Die Funktion berechnung(zahl) wird aufgerufen und es wird die Adresse der
   Variablen zahl (mit &x) dem Formalparameter x übergeben.
4. x wird mit 2 multipliziert. Da x an derselben Adresse wie zahl steht, erhält nun zahl
   den neuen Wert 20.

Überwachen 1

Name	Wert		Typ
zahl	20		int
⊞ &zahl	0x0013ff60		int *
x	20	⟳	int &
⊞ &x	0x0013ff60	⟳	int *

11.6   Programmbeispiele

Das folgende Programm soll einen Text bis max. 50 Zeichen einlesen. Das Einlesen der Zeichen wird mit Strg+Z (EOF) beendet. Anschließend soll die Anzahl der eingegebenen Returns, Tabulaturen und Leerzeichen gezählt und ausgegeben werden.

Versuchen Sie nun folgendes Programm in drei Funktionen (Eingabe, Verarbeitung, Ausgabe) zu unterteilen. In *main()* sollte nur mehr der Funktionsaufruf der drei Funktionen stehen.

```c
#include <stdio.h>

constint max_feld = 50;                   // Konstante für die Feldgroesse

void main(void)
{
    char c;
    int anz_tabs = 0, anz_blanks = 0, anz_returns = 0;
    char cFeld[max_feld];                 // Feld aus max. 50 Zeichen
    int i=0, j=0;

    while((c = getchar()) != EOF)         // Strg Z entspricht End Of File
    {
        cFeld[i++] = c;                   // i ist der Index im Feld
    }
    cFeld[i] = 0;                         // NULL-terminierter String in C oder '\0'

    j=0;                                  // Bedingungsvariable initialisieren
    while(cFeld[j] != 0)
    {
        c = cFeld[j];                     // nimm naechstes Zeichen aus dem Feld
        if(c == '\t')
            anz_tabs++;
        if(c == ' ')
            anz_blanks++;
        if(c == '\n')
            anz_returns++;
        j++;                              // der Zielbedingung nähern
    }

    for(j=0; j < i; j++)                  // Ausgabe des Feldes Element für Element
        putchar(cFeld[j]);

    getchar();                            // Warte auf Enter
    printf("%s", cFeld);                  // Ausgabe als 0-term. String
    printf("\nAnzahl Tabulatoren: %d\n", anz_tabs);
    printf("Anzahl Blanks: %d\n", anz_blanks);
    printf("Anzahl Returns: %d\n", anz_returns);
}
```

Im folgenden Programm stehen unter **main()** nur mehr die Aufrufe der jeweiligen Funktionen:

```c
#include <stdio.h>

void eingabe(void);
void verarbeitung(void);
void ausgabe(void);

//*** Globale Variablen ***
constint max_feld = 50;                 // Konstante für die Feldgroesse
char zeichen, cFeld[max_feld];
int i=0, j=0;
int anz_tabs = 0, anz_blanks = 0, anz_returns = 0;

void main(void)
{
    eingabe();
    verarbeitung();
    ausgabe();
}

void eingabe(void)
{
    while((zeichen = getchar()) != EOF)  // Strg Z = EOF
    {
        cFeld[i++] = zeichen;            // i ist der Index im Feld
    }
    cFeld[i] = 0;                        // NULL-terminierter String in C oder '\0'
}

void verarbeitung(void)
{
    while(cFeld[j] != 0)
    {
        zeichen = cFeld[j];              // nimm naechstes aus dem Feld
        if(zeichen == '\t')              // Escape-Sequenz für Tabulator
            anz_tabs++;                  // anz_tabs = anz_tabs + 1
        if(zeichen == ' ')
            anz_blanks++;
        if(zeichen == '\n')
            anz_returns++;
        j++;                             // der Zielbedingung nähern
    }
}

void ausgabe(void)
{
    for(j=0; j < i; j++)                 // Ausgabe des Feldes Element für Element
        putchar(cFeld[j]);

    getchar();                           // Warte auf Enter
    printf("%s", cFeld);                 // Ausgabe als 0-term. String
    printf("\nAnzahl Tabulatoren: %d\n", anz_tabs);
    printf("Anzahl Blanks: %d\n", anz_blanks);
    printf("Anzahl Returns: %d\n", anz_returns);
}
```

Was passiert, wenn Sie mehr als 49 Zeichen eingeben? Sie erhalten ein unsinniges Ergebnis oder eine Fehlermeldung. Was könnte man also tun, um eine Eingabe von zu vielen Zeichen abzufangen und eine Fehlermeldung auszugeben?

Im Bereich der Eingabe soll geprüft werden, ob die Anzahl der eingegebenen Zeichen kleiner ist als im Feld max_feld definiert.

Dies geschieht mit einer if-else-Abfrage. Solange der Index i kleiner ist als die Feldgröße, ist alles in Ordnung. Ansonsten wird der else-Zweig ausgeführt und mit return1; wird ein Fehler an das System übermittelt.

Da hier mit return ein Wert zurückgegeben wird, muss der Rückgabeparameter der Funktion auf **int** geändert werden. Das gilt auch für die Funktionsdeklaration am Programmanfang.

```c
int eingabe(void)        // Rückgabeparameter = int
{
    while((zeichen = getchar()) != EOF)
    {
        if (i < max_feld)
            cFeld[i++] = zeichen;
        else
        {
            printf("\Fehler! Maximale Feldlaenge überschritten");
            return 1;
        }
    }
    cFeld[i] = 0;
}
```

11.7   Anwendung globaler Variablen

In Kapitel 7.6.3 haben wir ein Programm zur Berechnung des Sinus, Cosinus und Tangens eines Winkels in Grad berechnet und in Form einer Tabelle ausgegeben.

Dieses Beispiel wurde jetzt in zwei Funktionen unterteilt. Einmal in die Funktion **eingabe** und einmal in die Funktion **ausgabe**. Die Funktion **eingabe** soll alle Eingabeparameter und die Funktion **ausgabe** alle Berechnungen und die Ausgabe verarbeiten.

```c
#include <stdio.h>
#include <math.h>

void eingabe(void);
void ausgabe(void);

double start, end, schritt,i, zahl=0, PI=3.14159;        // Globale Variablen

void main(void)
{
    eingabe();
    ausgabe();
}
```

```
void eingabe(void)
{
    printf("Geben Sie den Startwinkel in Grad ein! ");
    scanf("%lf",&start);
    printf("Geben Sie den Endwinkel in Grad ein! ");
    scanf("%lf",&end);
    printf("Geben Sie die Schrittweite in Grad ein! ");
    scanf("%lf",&schritt);
}
void ausgabe(void)
{
    printf("\nWinkel\tsin\tcos\ttan\n");
    printf("_____\n");
    i = start;
    while (i <= end)
    {
        zahl = (i*(PI/180));
        printf("%.2lf\t%.2lf\t%.2lf\t%.2lf\n", i, sin(zahl), cos(zahl), tan(zahl));
        i=i+schritt;
    }
    fflush(stdin);
    getchar();
}
```

Da in diesem Beispiel mit globalen Variablen gearbeitet wurde, enthalten die einzelnen Funktionen auch keinen Rückgabewert bzw. keine Übergabeparameter. Daher sind alle Funktionen als **void** deklariert.

Globale Variablen kann man sich als Vorwärtsdeklaration von Funktionen vorstellen. Globale Variablen sind für **alle** Funktionen sichtbar. Bei gleichnamigen Variablen gilt aber hier die Ausnahme, dass die lokalste Variable gültig ist.

Beispiel:

```
#include <stdio.h>

void aendern(void);

int i=100;                //globale Variable i = 100

void main(void)
{
    int i = 300;

    printf("%d\n",i);     //300
    aendern();
    printf("%d\n",i);     //300
}

void aendern(void)
{
    i = 200;              //Ändert die globale Variable
    printf("i wird nun in der Funktion geaendert: %d\n",i);  //200
}
```

12   Pointer (Zeiger)

Zeiger (engl. pointer) sind Variablen, welche eine **Adresse** enthalten. Pointer werden in C oft herangezogen, um gewisse Programmierkonzepte zu realisieren. Die Anwendung von Pointern ist sehr vielseitig und daher auch etwas kompliziert.

Auf folgenden Gründen ist es z.B. wichtig, die Funktion von Pointern zu verstehen:

1. Pointer ermöglichen es, das Funktionen ihre beim Aufruf übergebene Variable verändern können.
2. Eine dynamische Verwaltung von Speicherplatz funktioniert immer über Pointer.
3. Um ein Programm z.B. in Punkto Geschwindigkeit und Größe zu optimieren.

Andererseits entstehen mit der Verwendung von Pointern auch viele Programmfehler und Abstürze. Somit sollten Pointer immer gezielt eingesetzt werden.

Wie eingangs erwähnt, sind Pointer Variablen, die eine Adresse enthalten. Variablen wie wir sie bisher kennengelernt haben, enthalten einen bestimmten Wert. Jede Variable hat dabei einen reservierten Bereich im Speicher (z.B. 1 Byte für char). Somit bekommt also auch jede Variable eine bestimmte Speicheradresse zugewiesen, an der sie die Daten im RAM abspeichert.

! Zeiger sind Variablen, welche eine **Adresse** enthalten

Hier eine grafische Veranschaulichung:

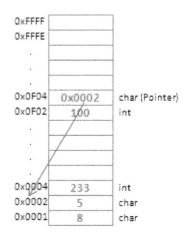

Ein RAM-Speicher ist hier beispielhaft dargestellt. Der Speicher ist von Adresse 0x0000 bis 0xFFFF aufgeteilt und es sind Variablen vom Typ **int** und **char** sowie ein **Pointer** gespeichert.

Die Variablen vom Typ **char** befinden sich an den Speicheradressen 0x0001 und 0x0002. Deren Inhalt ist 8 und 5.

Die Integer-Variablen haben hier eine Speichergröße von 2 Byte und befinden sich an den Adressen 0x0004 und 0x0F02. Unsere Pointer-Variable vom Typ **char** befindet sich an der Adresse 0x0F04 und deren Inhalt ist die Adresse 0x0002.

Der Inhalt der Pointer-Variablen ist also eine Adresse. Unser Pointer zeigt hier auf die Adresse 0x0002 deren Inhalt 5 ist.

Der Zweck von Pointer-Variablen besteht in der Speicherung von Adressen.

- Pointer merken sich, wo andere Variablen im Speicher platziert sind.
- Pointer merken sich auch, welcher Datentyp sich an einer bestimmten Adresse befindet.

12.1 Definition von Pointervariablen

Ein Pointer wird wie eine Variable mit zusätzlich vorangestellten * definiert.

```
int      *ptr1;      // ptr1 ist ein Pointer auf int
char     *ptr2;      // ptr2 ist ein Pointer auf char
double   *ptr3;      // ptr3 ist ein Pointer auf double
```

ptr1 ist ein Pointer auf **int**, **ptr2** ist ein Pointer auf **char** und **ptr3** ist ein Pointer auf **double**. Der Datentyp der Pointervariablen ist **int*** bzw. **char*** bzw. **double***.

Beachten Sie die Unterschiede bei der Deklaration von Variablen und Pointervariablen:

int *ptr1, a;	entspricht	int *ptr1; int a;
int *ptr1, *x;	entspricht	int *ptr1; int *x;

Im ersten Beispiel wird eine Pointervariable und eine int-Variable, im zweiten Fall zwei Pointervariablen deklariert.

12.2 Der NULL-Pointer

Der NULL-Pointer ist ein vordefinierter Pointer dessen Wert 0 ist. Das heißt, dieser Pointer zeigt auf die Adresse 0 und daher auf kein gültiges Speicherobjekt. In C ist festgelegt, dass Variablen immer an Speicherplätzen abgelegt werden, deren Adresse ungleich 0 ist.

```
int *ptr1 = NULL;   //Nullpointer zeigt auf die Adresse 0
```

NULL ist eine Konstante und als 0 definiert. Grundsätzlich kann man einem Pointer keine ganze Zahl zuweisen. Hier bildet die Konstante NULL jedoch eine Ausnahme.

Der NULL-Pointer wird verwendet, um einen Pointer mit 0 zu initialisieren. Ein Pointer, der mit 0 initialisiert wurde, zeigt auf keine gültige Speicheradresse. Ein Pointer der nicht mit NULL initialisiert wurde, zeigt auf eine zufällige Speicheradresse und kann von einem Pointer der auf eine gültige Adresse zeigt nicht mehr unterschieden werden.

12.3 Wertzuweisung an einen Pointer (Referenzierung)

Ein weiterer Operator, der im Zusammenhang mit Pointern verwendet wird ist der **&-Operator** (Adressoperator). Mit dem **&** weist man dem Pointer **die Adresse** der Variablen zu. **Damit referenziert der Pointer die Variable!**

Beispiel:

```
int a=5;

int *ptr1=NULL;
int *ptr2=NULL;

ptr1 = &a;      //ptr1 zeigt auf a (enthält die Adresse von a)
ptr2 = ptr1;    //ptr2 erhält die Adresse von ptr1
```

Zuerst werden beide Pointer (*ptr1, *ptr2) mit 0 initialisiert.
Die Variable a befindet sich an Adresse 0x0012ff60 und hat den Wert 5.

Name	Wert	Typ
⊟ ⚫ &a	0x0012ff60	int *
└ ⚫	5	int
⊞ ⚫ ptr1	0x00000000	int *
⊞ ⚫ ptr2	0x00000000	int *

Die Pointervariable *ptr1 zeigt nun auf die Speicherstelle von a, wo sich der Wert 5 dahinter verbirgt.

Name	Wert	Typ
⊟ ⚫ &a	0x0012ff60	int *
└ ⚫	5	int
⊟ ⚫ ptr1	0x0012ff60	int *
└ ⚫	5	int
⊞ ⚫ ptr2	0x00000000	int *

Mit `ptr2 = ptr1;` zeigen nun beide Pointer auf die Adresse von a deren Inhalt der Wert 5 ist.

Name	Wert	Typ
⊟ ⚫ ptr1	0x0012ff60	int *
└ ⚫	5	int
⊟ ⚫ ptr2	0x0012ff60	int *
└ ⚫	5	int

Im folgenden Beispiel wird eine Variable **a** (mit der Speicheradresse 0x001234) vom Typ int und ein Pointer **ptr1** mit dem Anfangswert NULL auf eine int-Variable definiert:

```
int a;
int *ptr1 = NULL;
```

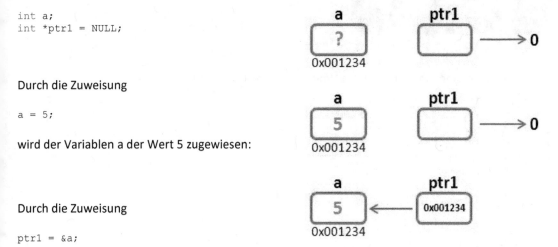

Durch die Zuweisung

```
a = 5;
```

wird der Variablen a der Wert 5 zugewiesen:

Durch die Zuweisung

```
ptr1 = &a;
```

erhält der Pointer ptr1 die Speicheradresse von a:

12.4   Zugriff auf eine Variable über einen Pointer (Dereferenzierung)

Um auf eine Variable, auf die ein Pointer zeigt zugreifen zu können, gibt es den **Inhaltsoperator (Dereferenzierungsoperator) ***.

Durch `*ptr1 = 8;` zeigt der Pointer ptr1 auf die Variable a und weist ihr den Wert 8 zu.
Statt `*ptr1 = 8;` könnte man auch `*&a = 8;` schreiben.

Beispiel:

```
#include <stdio.h>

int main(void)
{
    int a=5;
    int *ptr1=NULL;

    ptr1 = &a;          //ptr1 zeigt auf a und erhält die Adresse von a
    printf("Der Wert von a = %d",a);

    *ptr1 = 8;          //Der Variablen a wird der Wert 8 zugewiesen
    printf("\nDer Wert von a = %d",a);
    printf("\nptr1 = %d, *ptr1 = %d",ptr1, *ptr1);

    *&a = 10;           //Der Variablen a wird der Wert 10 zugewiesen
    printf("\nDer Wert von a = %d",a);
    getchar();
    return 0;
}
```

```
Der Wert von a = 5
Der Wert von a = 8
ptr1 = 1245024, *ptr1 = 8
Der Wert von a = 10
```

Das folgende Programmbeispiel soll den Umgang mit Pointern veranschaulichen.

```c
#include <stdio.h>

int main(void)
{
    int a,b, summe;
    int *ptr1, *ptr2;      //Pointer ptr1 und ptr2 (Datentyp int)

    a = 2;
    b = 8;

    ptr1 = &a;             //Pointer ptr1 erhält die Adresse von a
    ptr2 = &b;             //Pointer ptr2 erhält die Adresse von b

    printf("Der Inhalt von a = %d",*ptr1);             //Ausgabe Inhalt von a
    printf("\nDie Speicheradresse von a = %d",&ptr1);  //Ausgabe Adresse von a
    printf("\nDer Inhalt von b = %d",*ptr2);           //Ausgabe Inhalt von b
    printf("\nDie Speicheradresse von b = %d",&ptr2);  //Ausgabe Adresse von b

    *ptr1 = 12;            //Zuweisung a = 12
    *ptr2 = 20;            //Zuweisung b = 20

    printf("\n\nDer Inhalt von a = %d",*ptr1);             //Ausgabe Inhalt von a
    printf("\nDie Speicheradresse von a = %d",&ptr1);      //Ausgabe Adresse von a
    printf("\nDer Inhalt von b = %d",*ptr2);               //Ausgabe Inhalt von b
    printf("\nDie Speicheradresse von b = %d",&ptr2);      //Ausgabe Adresse von b

    summe = *ptr1 + *ptr2;

    printf("\n\nDie Summe von %d + %d = %d",*ptr1, *ptr2, summe); //Ausgabe Summe von a+b

    getchar();
    return 0;
}
```

```
Der Inhalt von a = 2
Die Speicheradresse von a = 1244988
Der Inhalt von b = 8
Die Speicheradresse von b = 1244976

Der Inhalt von a = 12
Die Speicheradresse von a = 1244988
Der Inhalt von b = 20
Die Speicheradresse von b = 1244976

Die Summe von 12 + 20 = 32
```

Im folgenden Programm soll die Adresse und die Speichergröße einer Variablen vom Typ int ermittelt werden:

```
#include <stdio.h>

int main(void)
{
    int   a=2;

    int  *ptr1;          //Pointer ptr1 (Datentyp int)

    ptr1 = &a;           //Pointer ptr1 erhält die Adresse von a

    printf("\nDie Speicheradresse von a = %d",&ptr1);
    printf("\nDie Groesse von a = %d Byte",sizeof(&ptr1));

    getchar();
    return 0;
}
```

```
C:\Dokumente und Einstellungen\PR\eigene da
Die Speicheradresse von a = 1245012
Die Groesse von a = 4 Byte
```

Möchte man die Adresse eines Pointers ausgeben, kann das mit der Ausgabe-Formatierung **%p** erfolgen.

Beispiel:

```
#include<stdio.h>

int main(void)
{
    int a=2, b=4;
    int *ptr1, *ptr2;    //Pointer ptr1 u. ptr2 (Datentyp int)

    ptr1 = &a;           //Pointer ptr1 erhält die Adresse von a
    ptr2 = &b;           //Pointer ptr2 erhält die Adresse von b

    printf("\nAdressen der Variablen a und b: %d, %d",ptr1, ptr2);
    printf("\nInhalte der Variablen a und b: %d, %d",*ptr1, *ptr2);
    printf("\nAdressen der Pointer ptr1 und ptr2: %p, %p",ptr1, ptr2);

    getchar();
    return 0;
}
```

```
C:\Dokumente und Einstellungen\PR\eigene dateien\visual studio 2010\Pr
Adressen der Variablen a und b: 1245024, 1245012
Inhalte der Variablen a und b: 2, 4
Adressen der Pointer ptr1 und ptr2: 0012FF60, 0012FF54
```

146

Zusammenfassung:

Um mit Pointer zu arbeiten, stehen die Operatoren **&** und ***** zur Verfügung:

Mit dem Adressoperator & erhält man die Adresse einer Variablen.
Mit dem Dereferenzierungsoperator * erhält man den Inhalt der Variablen auf die der Pointer zeigt.

Beispiel Referenzierung und Dereferenzierung:

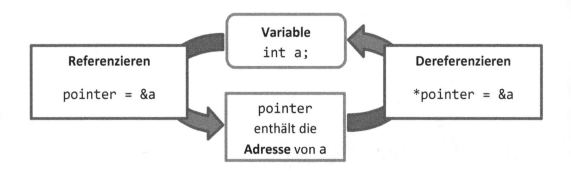

12.5   Pointer auf void

Es kann vorkommen, dass bei der Definition eines Pointers der Typ der Variablen, auf die der Pointer später zeigen soll, noch nicht bekannt ist. In diesem Fall kann ein Pointer vom Typ **void** vereinbart werden.

Der Pointer kann dann zu einem späteren Zeitpunkt in einen Pointer vom gewünschten Typ umgewandelt werden. Solange ein Pointer vom Typ **void** vereinbart ist kann er nicht dereferenziert werden.

Beispiel:

```
void *ptr1;      //Pointer vom Typ void
```

12.6   Pointer auf Arrays

Mit Pointer auf Arrays lassen sich sehr komplexe Konstrukte realisieren. Ein Pointer kann hier auf jedes einzelne Element eines Arrays zeigen und dieses natürlich auch verändern.

Wie hier dargestellt besteht das Array **a** aus fünf Feldern mit dem Inhalt **H A L L O**. Der Pointer **ptr1** zeigt auf das Element **a[0]**, der Pointer **ptr2** auf das Element **a[2]**.

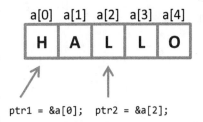

```
ptr1 = &a[0];   ptr2 = &a[2];
```

Wie im nächsten Beispiel wird ein Array mit dem Namen **a** mit einer Feldgröße von fünf Elementen deklariert. Ebenso werden fünf Pointer definiert, welche auf jedes Element im Array zeigen. Die Inhalte der einzelnen Elemente werden vertauscht ausgegeben, indem einfach die Pointer vertauscht werden.

Anschließend weisen die einzelnen Pointer den Elementen des Arrays neue Werte zu, welche dann in der korrekten Reihenfolge ausgegeben werden.

```c
#include <stdio.h>

int main(void)
{
    char a[5];
    char *ptr1, *ptr2, *ptr3, *ptr4, *ptr5;       //Zeiger ptr1 ... ptr5 (Datentyp int)

    a[0] = 'A';
    a[1] = 'B';
    a[2] = 'C';
    a[3] = 'D';
    a[4] = 'E';

    ptr1 = &a[0];          //Pointer ptr1 erhält die Adresse von a an der Stelle 0
    ptr2 = &a[1];          //Pointer ptr2 erhält die Adresse von a an der Stelle 1
    ptr3 = &a[2];          //Pointer ptr3 erhält die Adresse von a an der Stelle 2
    ptr4 = &a[3];          //Pointer ptr4 erhält die Adresse von a an der Stelle 3
    ptr5 = &a[4];          //Pointer ptr5 erhält die Adresse von a an der Stelle 4

    printf("Werte in umgekehrter Reihenfolge: %c %c %c %c %c",*ptr5,*ptr4,*ptr3,*ptr2,*ptr1);

    *ptr1 = '1';           //Pointer ptr1 zeigt auf a[0] und weist den neuen Wert 1 zu
    *ptr2 = '2';           //Pointer ptr2 zeigt auf a[1] und weist den neuen Wert 2 zu
    *ptr3 = '3';           //Pointer ptr3 zeigt auf a[2] und weist den neuen Wert 3 zu
    *ptr4 = '4';           //Pointer ptr4 zeigt auf a[3] und weist den neuen Wert 4 zu
    *ptr5 = '5';           //Pointer ptr5 zeigt auf a[4] und weist den neuen Wert 5 zu

    printf("\nNeue Werte fuer das Array: %c %c %c %c %c",*ptr1,*ptr2,*ptr3,*ptr4,*ptr5);

    getchar();
    return 0;
}
```

```
C:\Dokumente und Einstellungen\PR\eigene dateien\visua
Werte in umgekehrter Reihenfolge: E D C B A
Neue Werte fuer das Array: 1 2 3 4 5
```

12.7 Programmbeispiel Schachbrett

Es soll ein Spiel entwickelt werden, wo eine Spielfigur auf einem Schachbrett durch eine Tastatureingabe bewegt werden kann. Ein Schachbrett besteht aus 8x8 Felder (8x8 Matrix).

Die Startposition der Spielfigur ist im Feld [0][0] und die Spielfigur (die Zahl 1) soll mit den Tasten w, a, s, d (w = rauf, a = links, s = runter, d = rechts) bewegt werden können. Wird die Grenze des Spielfeldes überschritten, positioniert sich die Spielfigur auf der gegenüberliegenden Seite. Das Programm soll sich mit x beenden lassen.

```
C:\Dokumente und Einstellungen\PR\eigene dateien\visual studio 2010\Projec
1 0 0 0 0 0 0 0
0 0 0 0 0 0 0 0
0 0 0 0 0 0 0 0
0 0 0 0 0 0 0 0
0 0 0 0 0 0 0 0
0 0 0 0 0 0 0 0
0 0 0 0 0 0 0 0
0 0 0 0 0 0 0 0
Zug [w hoch, a links, s runter, d rechts] (Beenden mit x):
```

Hier eine mögliche Lösung:

```c
#include <stdio.h>
#include <stdlib.h>

// Prototypen
void Feldausgabe(int *Feld);
void bewege(int *Feld, int *posX, int *posY, char zug);

int main()
{
    int Feld[8][8] = { 0 }, posX=0, posY=0;
    char zug;

    Feld[posY][posX] = 1;        // setzen der Spielfigur
```

```
    do
    {
        Feldausgabe(&Feld[0][0]);
        printf("\nZug [w hoch, a links, s runter, d rechts] (Beenden mit x): ");
        scanf("%c", &zug);

        bewege(&Feld[0][0], &posX, &posY, zug);
        fflush(stdin);              // Tastaturpuffer löschen
        system("Cls");              // Bildschirm löschen (clear screen)
    }while(zug != 'x');
    return 0;
}

void Feldausgabe(int *Feld)        // Ausgabe Spielfeld
{
    printf("\n");
    int i, j;

    for(i=0; i<8; i++)             // Schleife fuer Zeilen, Y-Achse
    {
        for(j=0; j<8; j++)         // Schleife fuer Spalten, X-Achse
                printf("%d ", *(Feld+i*8+j));

        printf("\n");
    }
}

void bewege(int *Feld, int *posX, int *posY, char zug) // Spielfigur bewegen
{
    *(Feld + *posY * 8 + *posX) = 0; // alte Position löschen

    switch(zug)                    // neue Position bestimmen
    {
        case 'w': (*posY)--; break;
        case 'a': (*posX)--; break;
        case 's': (*posY)++; break;
        case 'd': (*posX)++; break;
    }

    // Mögliche Grenzueberschreitung prüfen
    if(*posX < 0) *posX = 7;
    if(*posX > 7) *posX = 0;
    if(*posY < 0) *posY = 7;
    if(*posY > 7) *posY = 0;

    *(Feld + *posY * 8 + *posX) = 1; // neue Position setzen
}
```

13   Strukturen

Strukturen sind abgeleitete Datentypen und verbinden verschiedene Objekte. Mit Strukturen lassen sich unterschiedliche Datentypen zu einer einzigen Einheit zusammenfassen. Mit Hilfe von Strukturen sind Sie in der Lage, aus einfachen Datentypen (wie z.B. **char**, **int** oder **double**) neue, benutzerdefinierte Typen zu schaffen. Mit Arrays wurden beispielsweise bis jetzt nur Datenstrukturen desselben Typs verwendet.

Strukturen werden gerne dort verwendet, wenn verschiedene Variablen logisch zusammengehören. Diese Variablen können auch von unterschiedlichen Datentypen sein. Eine logische Zusammensetzung wäre beispielsweise eine Adressdatei, welche aus dem Vornamen, Nachnamen, PLZ, Ort usw. besteht.

Eine Struktur wird mit dem Schlüsselwort **struct** deklariert und damit wird ein neuer Datentyp aus den Datentypen erstellt, welche in die Struktur eingebunden werden.

13.1   Strukturen deklarieren

Im folgenden Beispiel wird eine Struktur mit dem Namen mitarbeiter deklariert. Die Struktur nimmt insgesamt drei Werte   (Zwei Strings von je 20 Zeichen Länge und einen int-Wert) auf.   Die Gesamtgröße der Struktur beträgt demnach bei 32-Bit-Systemen 44 Bytes. Diese Größe ist aber vom verwendeten Compiler abhängig. Die tatsächliche Größe ist nur mit Hilfe des sizeof-Operators herauszufinden.

```
struct mitarbeiter
{
    char vorname[20];
    char name[20];
    int  gehalt;
};
```

Die Speicheranordnung dieser Struktur soll das folgende Bild veranschaulichen.

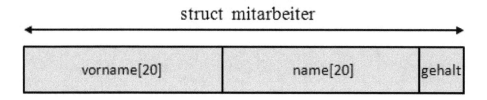

Die Syntax einer Struktur sieht folgendermaßen aus:

Name der Struktur (Typname)

```
struct name
{
    char    vorname[20];
    char    name[20];
    int     geburtsjahr;
    double  gehalt;
}; bezeichner;
```

Elemente der Struktur (Komponentenvariablen)

Variablenbezeichner (Strukturvariable)

Alle relevanten Daten werden innerhalb der Struktur mit dem Namen mitarbeiter zusammengefasst. Am Ende der geschwungenen Klammer befindet sich der Variablenbezeichner daten. Über diesen Variablenbezeichner kann auf die Struktur zugegriffen werden.

Wie Sie sehen, sind die Elemente der Struktur „normale Variablen". Als Elemente der Struktur dürfen alle in C zugelassenen Datentypen wie auch Zeiger und Strukturen selbst verwendet werden. Innerhalb einer Struktur können Variablen aber nicht initialisiert werden.

13.2   Initialisierung und Zugriff auf Strukturen

Damit man Strukturen sinnvoll nutzen kann, muss man den Strukturelementen Werte zuweisen und auf die jeweiligen Strukturelemente zugreifen können.

Um auf die einzelnen Elemente einer Struktur zugreifen zu können, gibt es in C den **Punktoperator(.)**. Im folgenden Beispiel wird eine Struktur mit dem Namen **zahlen** und der Bezeichnung **daten** deklariert. Der Zugriff der Elemente der Struktur erfolgt über den Bezeichner mithilfe des **Punktoperators (.)**

```
struct zahlen          //Deklaration der Struktur mit dem namen zahlen
{
   int zahl1;
   int zahl2;
};

int main(void)
{
   struct zahlen daten; //Hier wird eine Strukturvariable mit der Bezeichnung daten
                        //vom Typ zahlen deklariert

   daten.zahl1 = 2;     //Direkte Initialisierung des Strukturelements zahl1
   daten.zahl2 = 4;     //Direkte Initialisierung des Strukturelements zahl2

   printf("%d + %d = %d\n",daten.zahl1, daten.zahl2, (daten.zahl1 + daten.zahl2));
   getchar();
   return 0;
}
```

```
D:\C_Projects\test\Debug\test.exe
2 + 4 = 6
```

Die zusätzliche Deklaration des Bezeichners kann man sich auch ersparen, wenn dieser gleich am Ende der geschwungenen Klammern bei der Deklaration der Struktur angehängt wird:

```
struct zahlen          //Deklaration der Struktur mit dem namen zahlen...
{
   int zahl1;
   int zahl2;
} daten;               //...und der Strukturvariablen daten
```

Wie das folgende Beispiel zeigt, können Strukturen auch direkt bei der Deklaration mit Werten initialisiert werden:

```
struct mitarbeiter                //Deklaration der Struktur mit dem namen mitarbeiter
{
    char vorname[20];
    char name[20];
    double gehalt;
} daten = {"Max", "Muster", 1720.22};    //Initialisierung der Variablen daten

int main (void)
{
    printf("Name: %s %s \n",daten.vorname, daten.name);
    printf("Gehalt: %lf ",daten.gehalt);
    getchar();
    return 0;
}
```

```
D:\C_Projects\test\Debug\test.exe
Name: Max Muster
Gehalt: 1720.220000
```

In diesem Beispiel erfolgt die Deklaration und Initialisierung direkt in der Funktion *main()* selbst:

```
struct mitarbeiter                //Deklaration der Struktur mit dem namen mitarbeiter
{
    char vorname[20];
    char name[20];
    double gehalt;
} daten;

int main (void)
{
    //Initialisierung der Variablen daten unter main()
    struct mitarbeiter daten = {"Max", "Muster", 1720.22};

    printf("Name: %s %s \n",daten.vorname, daten.name);
    printf("Gehalt: %lf ",daten.gehalt);

    getchar();
    return 0;
}
```

Wird ein Strukturname nicht benötigt, kann dieser auch entfallen:

```
struct                    //Deklaration der Struktur ohne namen…
{
    int zahl1;
    int zahl2;
} daten;                  //…und der Bezeichnung daten
```

Ebenso ist es möglich, mehrere Variablenbezeichner auf einmal zu deklarieren:

```
struct zahlen
{
    int zahl1;
    int zahl2;
} daten1, daten2, daten3;   //Deklaration von drei Variablen vom Typ zahlen
```

13.3   Programmbeispiel

Im folgenden Beispiel werden die Koordinaten eines Punktes (pt) über eine Struktur festgelegt und abgerufen. Auf die Member (**x, y**) der Struktur **point** wird mittels **Punktoperator** zugegriffen.

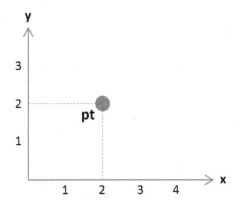

```
#include <stdio.h>

struct point
{
    int x;                  // Member x der Struktur
    int y;                  // Member y der Struktur
};

int main(void)
{
    struct point pt;        // Strukturvariable pt deklarieren
    pt.x = 2;               // Wert für x zuweisen
    pt.y = 2;               // Wert für y zuweisen

    printf("Koordinaten von Punkt pt (x/y): %d,%d\n", pt.x, pt.y);
    getchar();
    return 0;
}
```

```
c:\ c:\dokumente und einstellungen\pr\eigene dat
Koordinaten von Punkt pt (x/y): 2,2
```

Die etwas kürzere Variante wäre die Deklaration der Strukturvariablen **pt** gleich am Ende der Struktur
point:

```
#include <stdio.h>

struct point
{
    int x;
    int y;
} pt;            // Strukturvariable pt deklarieren

int main(void)
{
    pt.x = 2;    // Wert für x zuweisen
    pt.y = 2;    // Wert für y zuweisen

    printf("Koordinaten von Punkt pt (x/y): %d,%d\n", pt.x, pt.y);
    getchar();
    return 0;
}
```

Das nächste Beispiel beschreibt ein Rechteck im Koordinatensystem welches durch zwei Punkte
dargestellt wird:

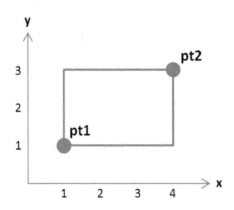

```
#include <stdio.h>

struct point
{
    int x;
    int y;
} pt1, pt2;                     // Strukturvariable pt1 und pt2 deklarieren

int main(void)
{
    pt1.x = 1;   pt1.y = 1;     // x- und y-Werte für pt1 zuweisen
    pt2.x = 4;   pt2.y = 3;     // x- und y-Werte für pt2 zuweisen

    printf("Koordinaten von Punkt pt1 (x/y): %d,%d\n", pt1.x, pt1.y);
    printf("Koordinaten von Punkt pt2 (x/y): %d,%d\n", pt2.x, pt2.y);

    getchar();
    return 0;
}
```

```
C:\ c:\dokumente und einstellungen\pr\eigene date
Koordinaten von Punkt pt1 (x/y): 1,1
Koordinaten von Punkt pt2 (x/y): 4,3
```

Im folgenden Beispiel soll die Entfernung zwischen zwei Punkten im Koordinatensystem berechnet werden. Da es sich hier um ein rechtwinkeliges Dreieck handelt, eignet sich der gute alte Pythagoras für die Berechnung. Nach der Formel $c = \sqrt{a^2 + b^2}$ berechnen wir ganz einfach die Distanz (c) zwischen den beiden Punkten **pt1** und **pt2**.

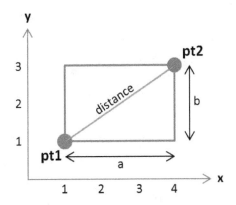

Variante 1:

```c
#include <stdio.h>
#include <math.h>

struct point
{
    int x;
    int y;
};

int main(void)
{
    double a, b, distance, sqrt(double);
    struct point pt1,pt2;
    pt1.x = 2; pt1.y = 1;
    pt2.x = 4; pt2.y = 2;
    printf("Koordinaten pt1 (x/y): %d,%d\n", pt1.x, pt1.y);
    printf("Koordinaten pt2 (x/y): %d,%d\n", pt2.x, pt2.y);

    a = pt2.x-pt1.x;
    b = pt2.y-pt1.y;
    distance = sqrt(a*a + b*b);
    printf("Distanz zwischen den Punkten: %lf", distance);

    getchar();
    return 0;
}
```

```
c:\dokumente und einstellungen\pr\eigene dateien
Koordinaten pt1 (x/y): 2,1
Koordinaten pt2 (x/y): 4,2
Distanz zwischen den Punkten: 2.236068
```

Variante 2:

```c
#include <stdio.h>
#include <math.h>

struct point
{
   int x;
   int y;
};

int main(void)
{
   double distance, sqrt(double);
   struct point pt1,pt2;
   pt1.x = 2; pt1.y = 1;
   pt2.x = 4; pt2.y = 2;
   printf("Koordinaten pt1 (x/y): %d,%d\n", pt1.x, pt1.y);
   printf("Koordinaten pt2 (x/y): %d,%d\n", pt2.x, pt2.y);

   distance = sqrt((double)(pt2.x-pt1.x)*(double)(pt2.x-pt1.x) +
   (double)(pt2.y-pt1.y)*(double)(pt2.y-pt1.y));

   printf("Distanz zwischen den Punkten: %lf", distance);
   getchar();
   return 0;
}
```

Ein großer Vorteil von Strukturen ist die Austauschmöglichkeit von Informationen zwischen Strukturen desselben Typs. Dies kann mit einer gewöhnlichen Zuweisungsoperation geschehen. Dieses Beispiel zeigt einen solchen Informationsaustausch zwischen den Strukturvariablen **pt1** und **pt2**:

```c
#include <stdio.h>
struct point
{
   int x;
   int y;
} pt1, pt2;                  // Strukturvariable pt1 und pt2 deklarieren
int main(void)
{
   pt1.x = 1;   pt1.y = 2;   // x- und y-Werte für pt1 zuweisen
   pt2.x = 3;   pt2.y = 4;   // x- und y-Werte für pt2 zuweisen

   printf("Koordinaten von Punkt pt1 (x/y): %d,%d\n", pt1.x, pt1.y);
   printf("Koordinaten von Punkt pt2 (x/y): %d,%d\n", pt2.x, pt2.y);

   pt1 = pt2;                // gleichbedeutend wie: pt1.x = pt2.x;  und  pt1.y = pt2.y;

   printf("Koordinaten von Punkt pt1 (x/y): %d,%d\n", pt1.x, pt1.y);
   printf("Koordinaten von Punkt pt2 (x/y): %d,%d\n", pt2.x, pt2.y);
   getchar();
   return 0;
}
```

```
c:\dokumente und einstellungen\pr\eigene datei
Koordinaten von Punkt pt1 (x/y): 1,2
Koordinaten von Punkt pt2 (x/y): 3,4
Koordinaten von Punkt pt1 (x/y): 3,4
Koordinaten von Punkt pt2 (x/y): 3,4
```

13.4 Strukturen von Strukturen

Da Strukturen jeden Datentyp enthalten können, ist es auch möglich, Strukturen in Strukturen einzuschließen. Das folgende Beispiel soll ein Rechteck mittels einer Struktur beschreiben, wobei die Koordinatenpunkte selbst auch eine Struktur sind.

```c
#include <stdio.h>

struct point                    // Deklaration der Struktur point
{
   int x;
   int y;
};

struct rectangle                // Deklaration der Struktur rectangle
{
   struct point topleft;
   struct point bottomright;
} box;                          // Strukturvariable box deklarieren

int main(void)
{
   box.topleft.x = 5;
   box.topleft.y = 10;          // x- und y-Werte für box.topleft zuweisen

   box.bottomright.x = 8;
   box.bottomright.y = 2;       // x- und y-Werte für box.bottomright zuweisen

   printf("Koordinaten von topleft (x/y): %d,%d\n", box.topleft.x, box.topleft.y);
   printf("Koordinaten von bottomright (x/y): %d,%d\n", box.bottomright.x, box.bottomright.y);

   getchar();
   return 0;
}
```

```
c:\dokumente und einstellungen\pr\eigene dateien
Koordinaten von topleft (x/y): 5,10
Koordinaten von bottomright (x/y): 8,2
```

Das folgende Beispiel liest vom Benutzer die x- und y-Koordinaten zweier Punkte ein und berechnet anschließend die Rechteckfläche. Starten Sie das Programm mit Strg+F5.

```c
#include <stdio.h>

int     laenge, breite;
long    flaeche;

struct point            // Deklaration der Struktur point
{
    int x;
    int y;
};

struct rectangle        // Deklaration der Struktur rectangle
{
    struct point topleft;
    struct point bottomright;
} box;                  // Strukturvariable box deklarieren

int main(void)
{
    printf("\nLinke obere x-Koordinate: ");
    scanf("%d", &box.topleft.x);

    printf("\nLinke obere y-Koordinate: ");
    scanf("%d", &box.topleft.y);

    printf("\nRechte untere x-Koordinate: ");
    scanf("%d", &box.bottomright.x);

    printf("\nRechte untere y-Koordinate: ");
    scanf("%d", &box.bottomright.y);

    printf("Koordinaten von topleft (x/y): %d,%d\n", box.topleft.x, box.topleft.y);
    printf("Koordinaten von bottomright (x/y): %d,%d\n", box.bottomright.x,
box.bottomright.y);

    // Berechnung der Breite und Länge
    breite = box.bottomright.x - box.topleft.x;
    laenge = box.topleft.y - box.bottomright.y;

    printf("Die Flaeche des Rechtecks betraegt %ld\n ",flaeche = breite * laenge);
    getchar();
    return 0;
}
```

```
C:\WINDOWS\system32\cmd.exe

Linke obere x-Koordinate: 2

Linke obere y-Koordinate: 10

Rechte untere x-Koordinate: 12

Rechte untere y-Koordinate: 5
Koordinaten von topleft (x/y): 2,10
Koordinaten von bottomright (x/y): 12,5
Die Flaeche des Rechtecks betraegt 50
 Drücken Sie eine beliebige Taste . . .
```

13.5   Strukturen mit Arrays

Natürlich ist es auch möglich, Strukturen zu definieren die Arrays beinhalten.

```
struct daten
{
    int x[5];
    char y[8];
};
```

Hier wurde die Struktur daten definiert, welche zwei Arrays enthält. Ein Integerarray von 5 Elementen mit dem Namen x und ein Characterarray von 8 Elementen mit dem Namen y.

Im folgenden Beispiel wird der Zugriff auf die einzelnen Felder der Strukturarrays demonstriert:

```
#include <stdio.h>

struct daten
{
    int  x[3];
    char y[3];
} record;

int main(void)
{
    record.x[0] = 10;
    record.x[1] = 20;
    record.x[2] = 30;
    record.y[0] = 'A';
    record.y[1] = 'B';
    record.y[2] = 'C';

    printf("x0=%d, x1=%d, x2=%d \n",record.x[0], record.x[1], record.x[1]);
    printf("y0=%c, y1=%c, y2=%c ",record.y[0], record.y[1], record.y[2]);

    getchar();
    return 0;
}
```

```
c:\dokumente und einstellungen
x0=10,  x1=20,  x2=20
y0=A,  y1=B,  y2=C
```

Bei Strukturen mit Arrays sollte beachtet werden, dass der Name eines Arrays ohne Klammern ein Zeiger auf das betreffende Array ist.

Beispielsweise ist record.x ein Zeiger auf das Anfangselement des Arrays x[] in der Struktur record.

Hier ein Beispiel einer Struktur, die Arrays als Member hat:

```
#include <stdio.h>

struct daten
{
    char vorname[20];
    char name[20];
    int  vers_nummer;
} mitarbeiter;

int main(void)
{
    printf("Geben Sie durch ein Leerzeichen getrennt den Vor- und Zunamen ein: ");
    scanf("%s %s", mitarbeiter.vorname, mitarbeiter.name);

    printf("\n\nGeben Sie Ihre Versicherungsnummer ein: ");
    scanf("%i", &mitarbeiter.vers_nummer);

    printf("\n\n%s %s, Vers.Nr.:%d.\n",mitarbeiter.vorname, mitarbeiter.name,
mitarbeiter.vers_nummer);

    getchar();
    return 0;
}
```

```
C:\WINDOWS\system32\cmd.exe
Geben Sie durch ein Leerzeichen getrennt den Vor- und Zunamen ein: Max Muster

Geben Sie Ihre Versicherungsnummer ein: 1236

Max Muster, Vers.Nr.:1236.
Drücken Sie eine beliebige Taste . . .
```

13.6 Arrays von Strukturen

Im vorherigen Kapitel wurden Strukturen deklariert, die Arrays enthalten. Aber auch Arrays von Strukturen können deklariert werden, wie das folgende Beispiel eines Telefonverzeichnisses zeigen soll:

```
#include <stdio.h>
#include <string.h>

struct daten
{
    char vorname[20];
    char name[20];
    char tel_nummer[16];
}liste[100];
```

```c
int main(void)
{
    strcpy(liste[0].vorname, "Max");
    strcpy(liste[0].name, "Muster");
    strcpy(liste[0].tel_nummer, "06601234557");
    strcpy(liste[1].vorname, "Eva");
    strcpy(liste[1].name, "Muster");
    strcpy(liste[1].tel_nummer, "06601234558");

    printf("\n%s, %s, %s",liste[0].vorname, liste[0].name, liste[0].tel_nummer);
    printf("\n%s, %s, %s",liste[1].vorname, liste[1].name, liste[1].tel_nummer);

    getchar();
    return 0;
}
```

```
C:\Dokumente und Einstellunger
Max, Muster, 06601234557
Eva, Muster, 06601234558
```

In diesem Programmbeispiel werden die Werte direkt bei der Definition zugewiesen:

```c
#include <stdio.h>

struct daten
{
    char vorname[20];
    char name[20];
    char tel_nummer[16];
}liste[100] = {
                {"Max", "Muster", "06601234557"},
                {"Eva", "Muster", "06601234558"},
                {"Robert", "Muster", "06601234559"}
            };

int main(void)
{
    printf("\n%s, %s, %s",liste[0].vorname, liste[0].name, liste[0].tel_nummer);
    printf("\n%s, %s, %s",liste[1].vorname, liste[1].name, liste[1].tel_nummer);
    printf("\n%s, %s, %s",liste[2].vorname, liste[2].name, liste[2].tel_nummer);
    getchar();
    return 0;
}
```

```
C:\Dokumente und Einstellungen\PF
Max, Muster, 06601234557
Eva, Muster, 06601234558
Robert, Muster, 06601234559
```

Im folgenden Programmbeispiel wird eine Adressliste erstellt, welche maximal 100 Einträge haben kann.

```c
#include <stdio.h>
#include <string.h>

struct adressindex
{
    char vorname[20];
    char name[20];
    int telefon;
} eintrag[3];

int main(void)
{
    int i;

    strcpy(eintrag[0].vorname, "Maximilian");
    strcpy(eintrag[0].name, "Muster");
    eintrag[0].telefon = 331224123;

    strcpy(eintrag[1].vorname, "Peter");
    strcpy(eintrag[1].name, "Muster");
    eintrag[1].telefon = 314222332;

    strcpy(eintrag[2].vorname, "Lena");
    strcpy(eintrag[2].name, "Muster");
    eintrag[2].telefon = 660560615;

    for(i=0; i<3; i++)
        printf("%-20s %-20s Tel.: %d\t \n", eintrag[i].vorname, eintrag[i].name,
eintrag[i].telefon);

    getchar();
    return 0;
}
```

```
c:\documents\visual studio 2010\Projects\struct1\Debug\struct1.exe
Maximilian          Muster              Tel.: 331224123
Peter               Muster              Tel.: 314222332
Lena                Muster              Tel.: 660560615
```

13.7 Übergabe von Strukturvariablen an Funktionen

Eine Strukturvariable kann wie bei normalen Variablen auch, an Funktionen übergeben werden.

Wie das folgende Beispiel zeigt, wird an die Funktion *ausgabe()* die Strukturvariable **daten** übergeben. In der Funktion selbst, wird mithilfe des Punktoperators auf die einzelnen Strukturelemente zugegriffen.

```c
#include <stdio.h>
#include <stdlib.h>
#define ZEICHEN 30

struct mitarbeiter
{
    char vorname[ZEICHEN];
    char name[ZEICHEN];
    int  gehalt;
} daten;

void ausgabe(struct mitarbeiter data)          //Funktion zur Ausgabe der Daten
{
    printf("\n\nSie haben eingegeben:\n");
    printf("Vorname.........:%s",    data.vorname);
    printf("Nachname........:%s",    data.name);
    printf("Gehalt..........:%i\n",data.gehalt);
}

int main(void)
{
    printf("Vorname:   ");
    fgets(daten.vorname, ZEICHEN, stdin);
    printf("Nachname: ");
    fgets(daten.name, ZEICHEN, stdin);
    printf("Gehalt:    ");
    do
    {
        scanf("%4i",&daten.gehalt);
    } while(getchar()!= '\n');

    ausgabe(daten);                  // Funktionsaufruf und Übergabe der Daten
    getchar();
    return 0;
}
```

```
c\documents\visual studio 2010\Projects\struct1\Debug\struct.exe
Vorname:  Max
Nachname: Muster
Gehalt:   1884


Sie haben eingegeben:
Vorname.........:Max
Nachname........:Muster
Gehalt..........:1884
```

13.8   Strukturen und Zeiger

Zeiger sind ein wesentlicher Bestandteil der Programmiersprache C und daher finden Zeiger auch innerhalb von Strukturen ihre Anwendung. Um das Kopieren großer Strukturen zu vermeiden, können Zeiger eingesetzt werden.

Zeiger können als Strukturmitglieder oder als Zeiger auf Strukturen eingesetzt werden.

```
struct Point p1 = {2,4};
struct Point *pp = &p1;          // Die Variable pp ist ein Zeiger
```

Im folgend Programmbeispiel werden Zeiger als Strukturmitglieder und als Zeiger auf die Struktur verwendet um den Inhalt der Variablen a und b, deren Adressen, sowie die Adressen der Strukturzeiger auszugeben.

Beispiel:

```
#include <stdio.h>

struct daten
{
   Int *wert1;
   int *wert2;
}value;

int main(void)
{
   int a = 2;
   int b = 3;

   value.wert1 = &a;
   value.wert2 = &b;

   printf("%d, %d", *value.wert1, *value.wert2);
   printf("\n%p, %p", &value.wert1, &value.wert2);
   printf("\n%p, %p", &a, &b);

   getchar();
   return 0;
}
```

```
C:\Dokumente und Einstellungen
2, 3
00418B9C, 00418BA0
0012FF60, 0012FF54
```

13.9 Der Pfeiloperator (->)

In der Programmiersprache C kann auch der sogenannte Pfeiloperator "->" genutzt werden, um auf eine Strukturvariable zugreifen zu können, auf die ein Pointer zeigt.

Dazu ein Beispiel:

```c
#include <stdio.h>

struct StrukturName            // Definition der Struktur
{
    int a;
    int b;
}

StrukturVariable = { 1, 2 },   // Definition einer Strukturvariable

// Initialisierung eines Pointers auf die vorher definierte Strukturvariable
*StrukturVariablenZeiger = &StrukturVariable;

int main (void)
{
    // Zugriff mittels Punktoperator "." auf die Member der Struktur
    printf("a = %d", (*StrukturVariablenZeiger).a);
    printf("\nb = %d", (*StrukturVariablenZeiger).b);

    (*StrukturVariablenZeiger).a = 123;
    printf("\na = %d", (*StrukturVariablenZeiger).a);

    // Hier der Zugriff mit dem Pfeiloperator "->"
    StrukturVariablenZeiger->b = 321;
    printf("\nb = %d", (*StrukturVariablenZeiger).b);
    getchar();
    return 0;
}
```

```
c:\ C:\Dokumente und Einstellungen
a = 1
b = 2
a = 123
b = 321
```

Hier eine zweite Variante:

```c
#include <stdio.h>

struct StrukturName // Definition der Struktur
{
    int a;
    int b;
} StrukturVariable = { 1, 2 };

// Initialisierung eines Zeigers auf die Strukturvariable
StrukturName *StrukturVariablenZeiger = &StrukturVariable;

int main (void)
{
    // Zugriff mittels dem Punktoperator "."
    printf("a = %d", (*StrukturVariablenZeiger).a);
    printf("\nb = %d", (*StrukturVariablenZeiger).b);

    (*StrukturVariablenZeiger).a = 123;
    printf("\na = %d", (*StrukturVariablenZeiger).a);

    // Übersichtlicher: Mit dem Pfeiloperator "->"
    StrukturVariablenZeiger->b = 321;
    printf("\nb = %d", (*StrukturVariablenZeiger).b);
    getchar();
    return 0;
}
```

13.10 Typdefinition von Strukturen mit *typedef*

Mit dem Schlüsselwort **typedef** können für bestehende Datentypen neue Namen deklariert werden. In Verbindung mit Strukturen kann dies Arbeit ersparen. Damit erlaubt es auch bei aufwendigen Deklarationen eine kurze und aussagekräftige Schreibweise zu finden.

Die Syntax sieht wie folgt aus:

typedef *Datentyp Neuer_Name;*

Das folgende Beispiel erstellt einen Aliasnamen **uint** für den Datentyp **unsigned int**:

```c
typedef unsigned int  uint;
```

uint kann nun als Synonym für **unsigned int** verwendet werden. Damit sind **uint** und **unsigned int** verschiedene Namen für einen Datentyp.

Das folgende Beispiel demonstriert den Unterschied zweier Strukturen, welche mit und ohne **typedef** definiert wurden:

```c
#include <stdio.h>

struct Person
{
    int   sv_nummer;
    char vorname[20], name[20];
    char telnr[15];
    int   alter;
} max, moritz;          //Definition zweier Struktur-Variablen

typedef struct
{
    int   sv_nummer;
    char vorname[20], name[20];
    char telnr[15];
    int   alter;
} _Person;              // _Person ist nun ein anderer Name für dieses struct

int main(void)
{
    /* Zugriff auf die Struktur-Komponenten */
    max.alter = 25;
    moritz.alter = max.alter + 2;

    _Person fritz, peter;       // Zwei Variablen vom Typ _Person
    fritz.alter = 22;
    peter.alter = moritz.alter + 1;

    printf("\nMax ist %d Jahre alt", max.alter);
    printf("\nMoritz ist %d Jahre alt", moritz.alter);
    printf("\nFritz ist %d Jahre alt", fritz.alter);
    printf("\nPeter ist %d Jahre alt", peter.alter);

    getchar();
    return 0;
}
```

13.11 Programmbeispiel komplexe Zahlen

In diesem Programmbeispiel werden zwei komplexe Zahlen (a und b) mit Hilfe einer Struktur addiert, subtrahiert und multipliziert. Eine komplexe Zahl besteht aus einem Real- und einem Imaginärteil. Die beiden Teile werden als Strukturmember vom Typ **complex** definiert. Für eine kürzere Schreibweise wurde hier **typedef** verwendet.

```c
#include <stdio.h>

typedef struct  //Die Struktur besteht aus den beiden Elementen real und imag vom Typ int
{
    int real;
    int imag;
} complex;

//Die Funktion add, deren Übergabeparameter z1 und z2 sowie der Rückgabewert z sind vom Typ
complex
complex add (complex z1, complex z2)
{
    complex z;
    z.real = z1.real + z2.real;
    z.imag = z1.imag + z2.imag;
    return z;
}

//Die Funktion sub, deren Übergabeparameter z1 und z2 sowie der Rückgabewert z sind vom Typ
complex
complex sub (complex z1, complex z2)
{
    complex z;
    z.real = z1.real - z2.real;
    z.imag = z1.imag - z2.imag;
    return z;
}

//Die Funktion mul, deren Übergabeparameter z1 und z2 sowie der Rückgabewert z sind vom Typ
complex
complex mul (complex z1, complex z2)
{
    complex z;
    z.real = z1.real * z2.real - z1.imag * z2.imag;
    z.imag = z1.real * z2.imag + z1.imag * z2.real;
    return z;
}

int main(void)
{
    complex a = {3,4}, b = {2,5}, c; // a,b und c sind vom Typ complex

    c = add(a,b);        // Der Rückgabewert der Funktion add wird der Variablen c zugewiesen
    printf ("a + b = (%d, %di)", c.real, c.imag);

    c = sub(a,b);        // Der Rückgabewert der Funktion sub wird der Variablen c zugewiesen
    printf ("\na - b = (%d, %di)", c.real, c.imag);

    c = mul(a,b);        // Der Rückgabewert der Funktion mul wird der Variablen c zugewiesen
    printf ("\na * b = (%d, %di)", c.real, c.imag);

    getchar();
    return 0;
}
```

13.12 Unions

Üblicherweise haben Variablen in C einen fest zugeordneten Typ. Unions (Varianten) sind genau wie Strukturen eine Art Variable mit Untervariablen, wobei die Untervariablen verschiedene Typen sein können. Zwischen Strukturen und Unions gibt es keinen syntaktischen Unterschied. Der einzige Unterschied ist die Zuordnung des Speicherplatzes.

Bei einer Struktur, welche mit **union** deklariert wird, darf jedes Element der Struktur zu einem bestimmten Zeitpunkt nur einen Wert besitzen. Im Gegensatz zu einer Struktur, wo alle Elemente der Struktur gleichzeitig einen Wert enthalten können.

Der einzige Grund für die Einführung dieses Variablentyps liegt in der Menge des benötigten Speicherplatzes. Die Strukturelemente teilen sich bei Unions alle den gleichen Speicherplatz und die Größe dieses Speicherplatzes wird vom Typ des größten Elementes bestimmt. Im folgenden Beispiel ist das größte Element die Variable c vom Typ **double**, welche einen Speicherplatz von 8 Bytes benötigt.

Hier ein Beispiel für die Zuordnung des Speicherplatzes einer Struktur:

```
struct struktur_1
{
    char    a;
    int     b;
    double  c;
};
```

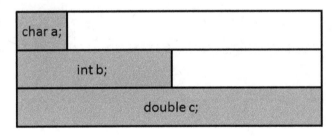

Diese Struktur benötigt in diesem Beispiel 16 Byte an Speicher.

Jetzt dasselbe Beispiel mit union:

```
union union_1
{
    char    a;
    int     b;
    double  c;
};
```

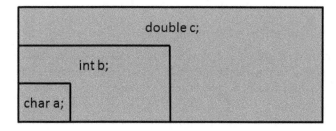

Diese Struktur benötigt den Speicher des größten Elementes (double c;) von 8 Byte.

Hier sehen Sie ein Programm, das den Unterschied zwischen einer Struktur und einer Union demonstrieren soll:

```c
#include <stdio.h>

struct struktur_1
{
    char a;
    int b;
    double c;
};

union union_1
{
    char a;
    int b;
    double c;
};

int main(void)
{
    printf("struct benoetigt %d Bytes\n", sizeof(struct struktur_1));
    printf("union  benoetigt %d Bytes\n", sizeof(union union_1));
    getchar();
    return 0;
}
```

```
c:\documents\visual studio 2010\
struct benoetigt 16 Bytes
union  benoetigt 8 Bytes
```

Wie Sie sehen, besitzt die Struktur mit dem Schlüsselwort **union** jetzt nur mehr 8 Bytes. Mit dem Schlüsselwort **union** bestimmt das größte Element der Struktur (in diesem Fall **double**) den benötigten Speicherplatz. Der Nachteil ist jedoch, dass in einer Struktur mit dem Schlüsselwort **union** immer nur ein Element in dieser Struktur verwendet werden kann.

Wertzuweisung und Zugriff auf die Variablen:

Gleich wie bei den Strukturen werden auch hier bei Unions die Variablen mit Hilfe des Punktoperators (.) angesprochen.

Beispiel:

```
union zahlen
{
    char    a;
    int     b;
    double  c;
} zahl;
```

Die Untervariable b der Hauptvariablen zahl wird mit dem Wert 123 gefüllt.

```
zahl.b = 123;
```

Soll die Variable gelesen werden, gilt dieselbe Vorgehensweise wie bei den Strukturen. Hier wird auf die Untervariable b der Hauptvariablen zahl zugegriffen und die Zahl 4 addiert. Das Ergebnis wird in x gespeichert.

```
x = zahl.b + 4;
```

13.13 Aufzählungen (enum)

Programme sollen einerseits im Computer effizient arbeiten und andererseits für den Menschen leicht verständlich sein. Während Computer 0 und 1 besser verstehen als kontextbezogene Namen, ist es bei Menschen genau umgekehrt. Hier ist es hilfreicher, wenn einer Variablen ein konstanter Wert über einen Namen zugewiesen werden kann. Dies wäre beispielsweise wie im folgenden Beispiel mit der Präprozessoranweisung **#define** möglich.

```
#define Mo 0;
#define Di 1;
#define Mi 2;
#define Do 3;
#define Fr 4;
#define Sa 5;
#define So 6;
```

Ein Beispiel sind hier die Zahlen 0 bis 6, welche bei einer Berechnung für die einzelnen Tagesnamen der Woche stehen.

```
int tag = Mo;
```

In diesem Beispiel ist es zwar einfacher, sich die Abkürzungen der Wochentage zu merken als die zugehörigen Zahlen, aber es ist auch eine Menge Schreibarbeit nötig. Eleganter lässt sich das Problem durch den Aufzählungstyp **enum** lösen.

Beispiel:

```
enum wochentag { Mo, Di, Mi, Do, Fr, Sa, So } tag;
```

Hier wurde die Variable **tag** vom Typ **enum wochentag** definiert und den Konstanten Mo, Di usw. die Werte 0 bis 6 zugewiesen. Diese Zuweisung passiert automatisch beginnend mit 0 für den ersten Eintrag. Diese Aufzählungskonstanten sind vom Typ **int** und haben einen konstanten ganzzahligen Wert.

```c
#include <stdio.h>

enum wochentag { Mo, Di, Mi, Do, Fr, Sa, So } tag;

int main(void)
{
    printf("Die Tage der Reihe nach: %d, %d, %d, %d, %d, %d, %d", Mo,Di,Mi,Do,Fr,Sa,So);
    getchar();
    return 0;
}
```

c:\documents\visual studio 2010\Projects\struct1\Debug\
Die Tage der Reihe nach: 0, 1, 2, 3, 4, 5, 6

Die automatische Zuweisung mit 0 für den 1. Eintrag kann auch geändert werden.

```c
#include <stdio.h>

enum wochentag { Mo=1, Di, Mi, Do, Fr, Sa, So } tag;

int main(void)
{
    printf("Die Tage der Reihe nach: %d, %d, %d, %d, %d, %d, %d", Mo,Di,Mi,Do,Fr,Sa,So);
    getchar();
    return 0;
}
```

c:\documents\visual studio 2010\Projects\struct1\Debug\
Die Tage der Reihe nach: 1, 2, 3, 4, 5, 6, 7

Mit dem Schlüsselwort **enum** ist es nun möglich einen neuen Variablentyp zu erzeugen, dem ein Name zugewiesen werden kann. Zwischen den geschweiften Klammern stehen die Namen der Konstanten. Wird vom Programmierer nichts anderes bestimmt, werden den Konstanten automatisch die Werte 0,1,2...usw. zugeordnet.

Selbstverständlich können auch andere Werte als 0,1,2...usw. zugewiesen werden.

Beispiel:

```
enum speicher { USB_Stick = 0x10, DVD = 0x20, Festplatte };
enum speicher geraet;

geraet = USB_Stick;             // zugeordneter Wert = 10h;
geraet = DVD;                   // zugeordneter Wert = 20h;
geraet = Festplatte;            // zugeordneter Wert = 21h;
```

Dieses Beispiel zeigt, wie den Konstanten auch andere Werte zugewiesen werden können. Wird kein Wert angegeben, inkrementiert der Compiler selbständig um 1 weiter. Ebenso ist es nicht zwingend notwendig, bei der Deklaration des **enum** Typs auch eine Variable am Ende anzugeben. Dies geschieht in diesem Beispiel erst in der zweiten Zeile.

Der besseren Lesbarkeit wegen sollte die Typdefinition und Variablendefinition in einer einzigen Vereinbarung erfolgen.

```
enum boolean {falsch, wahr} x;
```

In diesem Beispiel ist x eine Variable vom Typ **enum boolean**. Die Variable x kann die Werte falsch (0) oder wahr (1) annehmen.

Beispiel:

```
#include <stdio.h>

enum boolean {falsch, wahr} x;          // Definition der Variablen x vom Typ enum boolean

int main (void)
{
    x = wahr;                   // Zuweisung der Aufzählungskonstanten ‚wahr‘ an x
    printf("\nwahr = %d", x);   // Ausgabe des Wertes von x

    x = falsch;                 // Zuweisung der Aufzählungskonstanten ‚falsch‘ an x
    printf("\nfalsch = %d", x); // Ausgabe des Wertes von x

    getchar();
    return 0;
}
```

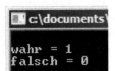

14 Standard Datenströme

Die Standard-Bibliothek <stdio.h> bietet für die Ein- und Ausgabe sogenannte Datenströme (streams) an. In streams können Informationen geschrieben oder aus ihnen gelesen werden. Möchte man von einer Datei lesen bzw. in eine Datei schreiben, so benötigt man einen stream, über den die Komunikation aber auch die jeweiligen Positionierungen innerhalb der Datei erfolgt.

Grundsätzlich unterscheidet man zwischen zwei Arten von Datenströmen:

1.) Gepufferte Datenströme
2.) Nicht gepufferte Datenströme

Gepufferte Datenströme geben ihre Daten nicht gleich weiter sondern „puffern" sie wie der Name schon sagt in einen Zwischenspeicher um dann als Ganzes beispielsweise auf eine Festplatte geschrieben zu werden. Nicht gepufferte Datenströme geben ihre Daten sofort weiter.

Die Standardkanäle sind:

Standardeingabe	*stdin*	Standardstrom für die Eingabe (z.B. Tastatur)
Standardausgabe	*stdout*	Standardstrom für die Ausgabe (z.B. Bildschirm)
Standardfehlerausgabe	*stderr*	Standardstrom für Fehlermeldungen (z.B. Bildschirm)

Die Standard Datenströme werden von den globalen Filepointern *stdin, stdout* und *stderr* zur Verfügung gestellt.

Bisher wurde bereits implizit mit der Standardeingabe *stdin* und Standardausgabe *stdout* gearbeitet. Funktionen wie *printf()* oder *scanf()* verwenden beispielsweise die streams *stdout* und *stdin*. Funktionen die auf die Dateien einer Festplatte zugreifen sind z.B. *fprintf()* und *fscanf()*.

14.1 Dateien öffnen und schließen

Bisher haben wir Daten eingegeben, bearbeitet und am Bildschirm ausgegeben. Diese Daten waren aber nach Beendigung des Programms verloren. Was also noch fehlt, ist die Möglichkeit, Daten auf eine Disk oder Festplatte dauerhaft zu sichern. Dafür bietet die C-Bibliothek eine Vielzahl von Funktionen an.

Zuerst soll eine Datei geöffnet werden. Diese Aufgabe übernimmt die Funktion *fopen()*. Die Funktion *fopen()* wird verwendet, um eine Datei zum Lesen, Schreiben oder Aktualisieren zu öffnen.

```
Library:    stdio.h

Prototype:  FILE *fopen(const char *filename, const char *mode);

Syntax:     FILE *fp;
            fp = fopen( "/etc/printcap", "r");
```

filename	der Name des Files.		
mode	**r**	(read)	- lese File
	w	(write)	- schreibe in File
	a	(append)	- füge an File an
	r+	(read & write)	- öffne File zum Schreiben und Lesen. Das File muss

bereits existieren

	w+	(write & read)	- erzeuge File zum Schreiben und Lesen. Existiert das File

bereits, wird

es überschrieben

	a+	(append +)	- lese und füge an File an

Nach dem Öffnen der Datei kann mit dem Dateiinhalt gearbeitet werden. Mit der Funktion *fclose()* wird die Datei wieder geschlossen. Im folgenden Beispiel wird eine Datei mit dem Namen **testfile.txt** mit einem gewöhnlichen Texteditor erstellt und im Verzeichnis C:\documents\Dateien gespeichert. Als Inhalt der Datei schreiben Sie einfach einen beliebigen Text.

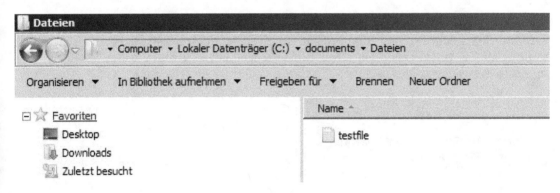

Diese Datei soll nun zum Lesen geöffnet und anschließend wieder geschlossen werden. Wurde die Datei erfolgreich geöffnet, soll dies angezeigt werden. Ebenso soll angezeigt werden, wenn sich die Datei nicht öffnen lässt.

Beispiel:

```c
#include <stdio.h>

int main(void)
{
    FILE *dateizeiger;
    dateizeiger = fopen("c:\\documents\\Dateien\\testfile.txt","r");

    if (dateizeiger != NULL)
    {
        printf("\nDatei wurde geöffnet!");
        fclose(dateizeiger);
    }
    else
        printf("\nDie Datei lässt sich nicht öffnen!");
    getchar();
    return 0;
}
```

```
FILE *dateizeiger;
```

Hier wird ein Zeiger (Pointer) mit dem Namen dateizeiger deklariert. Dieser Pointer zeigt auf den Typ **FILE** welcher in der Datei stdio.h deklariert ist. Daten des Typs **FILE** speichern Informationen zu einer geöffneten Datei.

```
dateizeiger = fopen("c:\\documents\\Dateien\\testfile.txt","r");
```

Mit *fopen()* wird versucht die Datei testfile.txt zu öffnen. Wenn es gelingt, gibt die Funktion einen Pointer auf die geöffnete Datei zurück. Dieser Pointer wird in dateizeiger gespeichert.

Beachten Sie, dass die Pfadangabe der zu öffnenden Datei bei einem Ordnerwechsel mit zwei Backslash (\\) ausgeführt wird. Grund dafür ist, dass die Programmiersprache C ansonsten die Stringliterale (der Text zwischen den " ") als Escape-Sequenzen interpretiert, welche mit einem \ (z.B. \n) eingeleitet werden.

```
if (dateizeiger != NULL)
{
    printf("\nDatei wurde geöffnet!");
    fclose(dateizeiger);
}

else
    printf("\nDie Datei lässt sich nicht öffnen!");
```

Wenn das Öffnen der Datei aus irgendwelchen Gründen misslingt, liefert die Funktion *fopen()* NULL zurück. Wurde die Datei erfolgreich geöffnet, wird der If-Zweig ausgeführt und die Datei mit *fclose()* wieder geschlossen.

14.2   Dateien auf Existenz prüfen

Nicht immer ist es wichtig, den Inhalt einer Datei zu lesen. Oft genügt es auch nur, das Vorhandensein einer bestimmten Datei zu prüfen. Diesbezüglich gibt es in C keine spezielle Funktion.

Das folgende Beispiel zeigt, wie die Existenz einer Datei geprüft werden kann.

```
#include <stdio.h>

int main(void)
{
    FILE *dateizeiger;
    char *datei = "c:\\documents\\Dateien\\testfile.txt";

    dateizeiger = fopen(datei,"r");

    if (dateizeiger != NULL)
    {
        printf("\nDatei %s wurde geoeffnet!",datei);
        fclose(dateizeiger);
    }
    else
        printf("\nDie Datei existiert nicht!");

    getchar();
    return 0;
}
```

```
c:\documents\visual studio 2010\Projects\file1\Debug\file1.exe

Datei c:\documents\Dateien\testfile.txt wurde geoeffnet!
```

Der Rückgabewert von *fopen()* wird in dateizeiger gespeichert. Ist dieser Wert 0, konnte die Datei aus irgendwelchen Gründen nicht geöffnet werden und der else-Zweig wird ausgegeben.

Ist der Rückgabewert von *fopen()* von 0 unterschiedlich, wurde die Datei erfolgreich geöffnet und der if-Zweig wird ausgeführt wo die Datei mit *fclose()* wieder ordnungsgemäß geschlossen wird.

14.3   Lesen einer Datei

Im nächsten Programm werden Daten aus einer Datei gelesen und auf dem Bildschirm angezeigt. Die Datei **testfile.txt** wurde mit einem Texteditor erstellt. Der Dateiinhalt ist der Text „Das ist ein Test!"

```
#include <stdio.h>
#include <stdlib.h>

int main(void)
{
    FILE *dateizeiger;
    char *datei = "c:\\documents\\Dateien\\testfile.txt";
    int zeichen;

    dateizeiger = fopen(datei,"r");

    if (dateizeiger == NULL)
    {
        exit(1);            //Beendet das Programm an dieser Stelle, leert alle Puffer
                            //und schließt alle geöffneten Dateien
    }
```

```
        else
        {
                zeichen = fgetc(dateizeiger);

                while (!feof(dateizeiger))
                {
                        putchar(zeichen);
                        zeichen = fgetc(dateizeiger);
                }
                fclose(dateizeiger);
        }
        getchar();
        return 0;
}
```

Im if-Zweig wird überprüft, ob die Datei geöffnet werden konnte oder nicht. Der Rückgabewert von **fopen()** wird in dateizeiger gespeichert. Ist dieserWert gleich 0, konnte die Datei nicht geöffnet werden und die Funktion **exit(1)** beendet das Programm an dieser Stelle.

Die Funktion **exit()** leert zuerst alle Puffer und schließt alle geöfneten Dateien. Der Wert in der Klammer wird an das Betriebssystem übergeben. Dieser Wert kann z.B. als Errorlevel abgefragt werden. Der Exitcode 0 bedeutet, das ein Programm fehlerfrei beendet wurde. Der Exitcode 1 wird als Fehler interpretiert.

Mit **fgetc()** wird das nächste Zeichen als **unsigned char** aus der Datei gelesen und nach **int** konvertiert. Die Zeichen werden also in den ASCII-Code umgewandelt. Für die Zeichenfolge „Das ist ein Test!" werden die Zahlen 68, 97, 115, 32, 105, 115, 116, 32, 101, 105, 110, 32, 84, 101, 115, 116, 33 ausgelesen.

Die Zeile `while (!feof(dateizeiger))` beinhaltet die Funktion **feof()** (end of file indicator), welche prüft ob das Ende einer Datei erreicht worden ist. Ist das Dateiende erreicht, liefert **feof()** einen Wert ungleich 0 ansonsten 0. Da die while-Schleife solange fortgesetzt werden soll, solange das Ergebnis von **feof()** gleich 0 ist, wird der Wert mit ! einfach negiert. Damit wird die while-Schleife für die Zeit in der **feof()** 0 liefert zur Endlosschleife while(1).

Mit
```
        putchar(zeichen);
        zeichen = fgetc(dateizeiger);
```

wird zuerst das erste eingelesene Zeichen mit **putchar()** am Bildschirm ausgegeben. Anschließend wird mit **fgetc()** das nächste Zeichen eingelesen und in zeichen gespeichert. Dieses Zeichen wird beim nächsten Durchlauf am Bildschirm ausgegeben. Nach insgesamt sechs Durchläufen wurden die folgenden Zeichen am Bildschirm ausgegeben.

14.4   Schreiben in eine Datei

Um in eine Datei zu schreiben, wird die Funktion **fprintf()** verwendet. Bei fehlerfreier Abarbeitung liefert die Funktion die Anzahl der geschriebenen Zeichen zurück.

Die Anzahl der Zeichen wird im folgenden Beispiel in die Variable zeichen gespeichert und bei jedem Durchlauf in zeichen_gesamt aufsummiert. Damit die 0 am Ende jeder Eingabe nicht mitgezählt wird, wird nach jeder Eingabe eins abgezogen (zeichen_gesamt += zeichen-1;).

Mit while (strlen(zeile) != 0) wird die Länge des Strings überprüft. Die Funktion **strlen()** liefert als Rückgabewert die Anzahl der Zeichen zurück.

Die Anzahl der Zeichen können Sie z.B. abfragen, wenn Sie

```
y = strlen(zeile);
```

eingeben. Die Variable y ist eine char-Variable und speichert in diesem Fall die Anzahl der Zeichen ohne die 0, welche das Stringende anzeigt.

Wenn Sie das Programm starten und einen Breakpoint bei gets(zeile); setzen, können Sie beispielsweise die mit **gets()** eingelesenen Zeichen schrittweise beobachten.

Wenn Sie z.B. wie hier 123 eingeben und mit ENTER bestätigen, sehen Sie die Einträge im Array an den Stellen 0 bis 3. An der Stelle 3 befindet sich die 0 für das Stringende.

```
while ( strlen(zeile) != 0 )         zeile[0] 49 '1'
{                                    zeile[1] 50 '2'
    zeichen = fprintf(dateizeige     zeile[2] 5  '3'  ile);
                                     zeile[3] 0
    zeichen_gesamt += zeichen-1       zeile[4] -52 'Ì'
    zeilen ++;                        zeile[5] -52 'Ì'

    gets(zeile);
}
```

Starten Sie das folgende Programm und geben Sie den Text „Hallo mein Name ist Bill Gates" ein:

```
#include <stdio.h>
#include <stdlib.h>
#include <string.h>

int main(void)
{
    FILE *dateizeiger;
    char *datei = "c:\\documents\\Dateien\\testfile1.txt";
    char zeile[80];
    char zeichen, zeichen_gesamt = 0;
    int zeilen = 0;
```

```c
    printf("Textzeilen erfassen\n");
    printf("------------------\n\n");

    dateizeiger = fopen(datei,"w");  // Öffnet die durch datei definierte Datei im Modus write

    if (dateizeiger == NULL)          // Wenn Fehler beim Öffnen der Datei
    {
        exit(1);          //Beendet das Programm an dieser Stelle, leert alle Puffer
                          //und schließt alle geöffneten Dateien
    }
    else
    {
        printf("Mit ENTER wird das Programm beendet!\n\n");
        gets(zeile);     //Einlesen des 1. Strings in ein Array von Zeichen

        while ( strlen(zeile) != 0 )
        {
                // Mit fprintf in die Datei schreiben
                zeichen = fprintf(dateizeiger,"%s\n", zeile);
                zeichen_gesamt += zeichen-1;
                zeilen ++;

                gets(zeile);    //Einlesen aller weiteren Strings in ein Array von Zeichen
        }
        fclose(dateizeiger);
        printf("\n%i Zeilen wurden geschrieben.",zeilen);
        printf("\n%i Zeichen wurden geschrieben.",zeichen_gesamt);
    }
    getchar();
    return 0;
}
```

Im Verzeichnis **c:\documents\Dateien** wurde nun eine Datei mit dem Namen **testfile1.txt** erstellt. Wenn Sie diese Datei nun mit einem Texteditor öffnen, sehen Sie den von Ihnen eingegebenen Text.

Die Funktion *fprintf()* arbeitet wie die Funktion *printf()*, nur dass zusätzlich durch den Dateipointer die Datei angegeben werden muss, in die geschrieben werden soll.

```
fprintf(dateizeiger,"%s\n", zeile);
```

Hinter dem Platzhalter **%s** wurde noch ein **\n** eingefügt um am Ende der Zeile einen Zeilenvorschub zu generieren. Ansonsten wäre es bei einem späteren Einlesen des Textes nicht mehr zu erkennen, wo eine Zeile aufhört bzw. die nächste anfängt. Durch **\n** werden also die einzelnen Zeilen getrennt.

14.5   Die Funktion *sprintf()*

Die Funktion *sprintf()* ist eine Funktion, mit der man Zahlen in einen String umwandeln kann. Die Funktion schreibt Daten formatiert in einen String und hat das gleiche Verhalten wie *printf()*, nur mit dem Unterschied, das *printf()* in die Standardausgabe stdout und *sprintf()* in einen String schreibt.

Beispiel:

```
char    Stringname[20];
sprintf(Stringname,"%d",123);
```

Eine Zahl (in diesem Fall der int-Wert 123) wird entsprechend dem Formatzeichen ("%d" oder "%i" für Dezimal Integer) in einen String umgewandelt und in Stringname gespeichert.

Stringname ist ein char-Array mit einer Feldgröße von max. 20 Zeichen. Wie in der folgenden Abbildung zu sehen ist, wird das char-Array an den Stellen 0,1 und 2 mit den Zeichen 123 befüllt.

Wichtig ist es hier darauf zu achten, dass das Null-Byte (\0), welches das Ende eines Strings markiert, für die richtige Feldgröße des Arrays mitberechnet wird.

Auto

Name	Wert	Typ
⊟ ● String	0x0012ff34 "123" ⚲ ▾	char [20]
● [0]	49 '1'	char
● [1]	50 '2'	char
● [2]	51 '3'	char
● [3]	0	char

Soll also beispielsweise eine 5-stellige Zahl in einen String umgewandelt werden, muss das Array mindestens 6 Felder groß sein.

```c
#include <stdio.h>
#include <stdlib.h>

int main(void)
{
    int i_Zahl = 123;
    float f_Zahl = 123;
    char String[20];   // Deklaration eines 20 Felder großen char-Arrays mit dem Namen String

    sprintf(String,"%d",i_Zahl);          // Wandelt eine int-Zahl in einen String um
    printf("Der Wert der Variablen String ist: %s\n",String);

    sprintf(String,"%f",f_Zahl);          // Wandelt eine float-Zahl in einen String um
    printf("Der Wert der Variablen String ist: %s\n",String);

    sprintf(String,"%X",i_Zahl);          // Wandelt eine int-Zahl in eine hex-Zahl und
                                          // speichert in einen String
    printf("Der Wert der Variablen String ist: %s\n",String);

    system("PAUSE");
    return 0;
}
```

```
Der Wert der Variablen String ist: 123
Der Wert der Variablen String ist: 123.000000
Der Wert der Variablen String ist: 7B
Drücken Sie eine beliebige Taste . . .
```

Weitere Funktionen, die dasselbe bewirken sind z.B:

atoi();	für **int** Werte
atof();	für **double** Werte
strol();	für **long** Werte
strtod();	für **double** Werte

Werte, welche mit diesen Funktionen umgewandelt werden, können aber nicht formatiert werden. Daher ist *sprintf()* die bessere Wahl.

Im folgenden Programm wird die Funktion *fprintf()* dafür genutzt, um einen int-Wert (j) in einen String umzuwandeln, welcher einen Dateinamen speichert. Bei jedem Durchlauf der ersten for-Schleife wird die Zählvariable j um 1 erhöht.

Diese Zählvariable bildet die fortlaufende Nummerierung der erzeugten Dateien (Test1.txt, Test2.txt...Test10.txt). Die Datei Test1.txt wird mit dem ersten Durchlauf geöffnet und der Text „Hallo das ist ein Test" in der zweiten for-Schleife 100 mal geschrieben. Danach wird die Datei geschlossen und die nächste Datei Test2.txt geöffnet usw.

```
/* Programmbeispiel - Automatisches Erzeugen von 10 Dateien */
#include <stdio.h>
#include <stdlib.h>

int main(void)
{
    char buffer[50];                // Bufferdatei für sprintf() deklarieren
    FILE *dateizeiger;

    for (int j=1; j<=10; j++)       // Schleife für 10 Durchläufe
    {
        // Dateien Test.j erzeugen und in buffer speichern
        sprintf(buffer, "c:\\documents\\Dateien\\Test%d.txt", j);
        dateizeiger = fopen(buffer,"w"); // Datei öffnen. Modus = write

        if (dateizeiger == NULL)          // Wenn Fehler beim Öffnen der Datei
        {
            exit(1);      //Beendet das Programm an dieser Stelle, leert alle Puffer und
                          //schließt alle geöffneten Dateien
        }
        else
        {
            for (int i=0; i<=99; i++)
            {
                fprintf(dateizeiger,"Hallo, das ist ein Test!\n");
            }
        }
        fclose(dateizeiger);   //Datei schließen
    }
    return 0;
}
```

14.6   Die Funktion *sscanf()*

Die Funktion **sscanf()** wandelt einen String in Zahlen und ist damit das Gegenteil von **sprintf()**.

```
sscanf(Stringname,"%d",&Zahl);
```

Wie bei **scanf()** gilt aber auch hier Vorsicht mit dem Format! Entspricht der Eingabestring nicht dem Formatstring, führt dies zu willkürlichen Ergebnissen.

Beispiel:

```
#include <stdio.h>

int main(void)
{
    int Zahl;
    char String[]={"123456789"};

    sscanf(String,"%d",&Zahl);

    printf("Der String %s ist nun eine int-Zahl: %d\n",String ,Zahl);

    getchar();
    return 0;
}
```

15 Speicherverwaltung

Bisher wurden Arrays deklariert, wo die Größe des Arrays zur Compilezeit bereits festgestanden ist. Da die Größe des Arrays oft erst zur Laufzeit des Programmes bekannt ist, ist es nicht sehr effizient, immer den größtmöglichen Speicher dafür zu reservieren. Dafür gibt es die dynamische Speicherverwaltung.

Im folgenden Beispiel wird ein Array (array1) mit einer festen Größe von 20 Integer-Werten deklariert. Ein weiteres Array (array2) wird von einer Variablen x abhängig gemacht. Grundsätzlich ist es aber so, dass der Wert für die Größe eines Arrays bei der Deklaration fest und unveränderbar sein muss. Daher kann die Größe eines Arrays nicht von einer Variablen abhängig gemacht werden. Es gibt zwar Compiler, die das erlauben, jedoch wird von dieser Vorgehensweise dringend abgeraten, da das Programm möglicherweise auf anderen Systemen nicht lauffähig ist.

```
int array1[20];         // erlaubt

int x = 100;
int array2[x];          // nicht erlaubt, da x kein Konstantwert ist
```

15.1 Dynamische Speicherverwaltung

Bei der dynamischen Speicherverwaltung wird Speicher vom ausführenden Programm zur Laufzeit angefordert (erzeugt) und nach der Verwendung wieder freigegeben (zerstört). Die Funktionen für die Speicherverwaltung befinden sich in der Bibliothek **<stdlib.h>**. Hierbei gibt es einen neuen Datentyp size_t. Dieser Datentyp ist **long int** und wird verwendet, um die Datengröße in Byte anzugeben. Weiters wird die Funktion **sizeof** verwendet, welche bei der Übergabe eines Datentyps dessen benötigte Speichergröße in Byte zurück gibt.

15.2 Anfordern von Speicher

Mit *malloc()* (Memory Allocation) wird zur Laufzeit des Programms Speicherplatz im Heap reserviert. Als Parameter wird die Länge des Speichers in Byte benötigt. Der Rückgabewert ist die Adresse des Speicherblocks. Steht kein freier Speicher zur Verfügung, wird der Wert 0 zurückgegeben. Angeforderter Speicher muss aber auch wieder freigegeben werden! Die Freigabe von Speicher geschieht durch den Aufruf der Funktion **free()**.

Die Syntax der Funktion *malloc()* sieht wie folgt aus:

```
void *malloc(size_t size);
```

Die Funktion *malloc()* liefert bei erfolgreichem Aufruf die **Anfangsadresse** mit der Größe **size** in Byte zurück. Die Funktion liefert einen void-Zeiger zurück und ist daher unabhängig von einem Datentyp.

Im folgenden Beispiel wird der Benutzer aufgefordert die Größe eines Arrays in Byte einzugeben. Mit dem Parameter `sizeof(int)` wird die benötigte Größe eines int-Wertes übergeben. Da die Funktion *malloc()* aber einen void-Zeiger liefert und wir in diesem Beispiel einen int-Zeiger übergeben, müssen wir den Rückgabewert mit (`int *`) casten. Je nach verwendeten Compiler könnte auch

```
array1 = malloc(size *sizeof(int));
```

ohne zusätzliches Typecasting funktionieren, da der void-Zeiger automatisch in den richtigen Typ wandelt. Starten Sie das folgende Programm mit Strg + F5:

```c
#include <stdio.h>
#include <stdlib.h>

int main(void)
{
    int size;
    int *array1;

    printf("Bitte geben Sie die Arraygroesse in Byte ein: ");
    scanf("%d", &size);

    array1 = (int *) malloc(size *sizeof(int));

    if(array1 != NULL)
    {
        printf("\nDer Speicher von %d Byte wurde erfolgreich reserviert\n",size);
        return EXIT_SUCCESS;
    }
    else
    {
        printf("\nFehler! Kein freier Speicher vorhanden!");
        return EXIT_FAILURE;
    }
}
```

```
C:\WINDOWS\system32\cmd.exe
Bitte geben Sie die Arraygroesse in Byte ein: 4

Der Speicher von 4 Byte wurde erfolgreich reserviert
Drücken Sie eine beliebige Taste . . .
```

Eine weitere Möglichkeit zur Speicherreservierung im Heap ist die Funktion *calloc()* (Cleared Memory Allocation). Die Funktion *calloc()* erwartet zwei Übergabeparameter. Der erste Parameter ist die Anzahl der benötigten Variablen. Der zweite Parameter ist die Größe einer einzelnen Variablen in Byte. Durch *calloc()* werden alle Speicherstellen mit 0 initialisiert. Die Rückgabewerte sind mit *malloc()* ident.

Zum obigen Beispiel ändert sich nur die Zeile:

```
array1 = (int *) calloc(size, sizeof(int));
```

15.3   Freigeben von Speicher

Wenn ein Speicher mit *malloc()* oder *calloc()* reserviert wurde, dann muss dieser Speicher auch wieder freigegeben werden. Die Freigabe von Speicher erfolgt mit der Funktion *free()*. Wird permanent Speicher reserviert ohne ihn wieder freizugeben, wird der Speicher irgendwann komplett belegt sein und die Daten müssten auf die Festplatte ausgelagert werden, was entsprechend viel Zeit in Anspruch nehmen würde.

Beispiel:

```
#include <stdio.h>
#include <stdlib.h>

int main(void)
{
   int size = 8;
   int *array1;

   array1 = (int *) calloc(size, sizeof(int));   // Speicher wird reserviert

   free(array1);                                 // Speicher wird freigegeben

   return 0;
}
```

16   Zeitfunktionen

Zeitfunktionen werden benötigt, um beispielsweise eine Zeit anzuzeigen oder Zeitmessungen durchführen zu können.

Dafür gibt es in C die Headerdatei **<time.h>**, welche Typen und Funktionen zur Verwendung mit Zeit und Datum anbietet. Die Zeit enthält das Datum und die Uhrzeit und wird mit dem Datentyp **time_t** dargestellt.

In C beginnt die Zeitzählung ab dem **01.01.1970** um **00:00:00** Uhr. Um z.B. die aktuelle Zeit ab zu fragen, erhält man die seit diesem Zeitpunkt verstrichene Zeit und kann daraus die entsprechenden Zeitdaten wie Sekunden, Minuten, Stunden, Tage ermitteln.

Um die Zeit zu berechnen, gibt es grundsätzlich zwei Möglichkeiten:

1.) Es wird der Zeitabstand zum 01.01.1970, 00:00:00 (Greenwich Mean Time) in Sekunden gezählt.
2.) Es wird die verbrauchte CPU-Zeit in Ticks gezählt.

16.1   Die Funktion *time()*

Das folgende Beispiel zeigt, wie man die verstrichene Zeit mithilfe der Funktion *time()* in Sekunden seit diesem Zeitpunkt ermittelt und ausgibt:

```
#include <stdio.h>
#include <time.h>

int main(void)
{
    time_t timenow;   //Deklaration der Variablen timenow vom Typ time_t
    time(&timenow);

    printf("Seit dem 01.01.1970 um 0:00 Uhr sind %d Sekunden vergangen\n", timenow);
    getchar();
    return 0;
}
```

```
c:\documents\visual studio 2010\Projects\test_1\Debug\test_1.exe
Seit dem 01.01.1970 um 0:00 Uhr sind 1328439179 Sekunden vergangen
```

Im folgenden Programmbeispiel wird die Systemzeit fortlaufend ausgegeben:

```
#include <stdio.h>
#include <time.h>

int main(void)
{
    time_t time_now;
    time(&time_now);

    while(1)
    {
        system("cls");
        printf("%ld\n",time_now);
        printf("\nMit <STRG + C> beenden! ");
        time(&time_now);
    }
    return 0;
}
```

```
c:\documents\visual studio 2010\Projects\test_1\Debug\test_1.exe
1328651720

Mit <STRG + C> beenden!
```

16.2   Die Funktion *clock()*

Eine weitere häufig gestellte Frage lautet: Wie kann ich herausfinden, wie lange das Programm schon läuft? Sie können dies mit folgender Funktion ermitteln:

```
clock_t clock(void);
```

Diese Funktion liefert die verbrauchte CPU-Zeit seit dem Programmstart zurück. Falls die CPU-Zeit nicht verfügbar ist, gibt die Funktion **–1** zurück. Wenn Sie die CPU-Zeit in Sekunden benötigen, muss der Rückgabewert dieser Funktion durch **CLOCKS_PER_SEC** dividiert werden.

Beispiel:

```
#include <stdio.h>
#include <stdlib.h>
#include <time.h>

int main(void)
{
    clock_t prgstart, prgende;
    int c;

    prgstart=clock();
    printf("Geben Sie etwas ein, und beenden Sie mit #\n");
    printf("\n > ");

    while((c=getchar())!= '#')
        putchar(c);

    prgende=clock();
    printf("Die Programmlaufzeit betrug %.2f Sekunden\n", (float)(prgende-prgstart) /
CLOCKS_PER_SEC);
    getchar();
    getchar();
    return 0;
}
```

```
D:\C_Projects\test\Debug\test.exe
Geben Sie ein beliebiges Zeichen ein, und beenden Sie mit #

 > 0
0
#
Die Programmlaufzeit betrug 15.95 Sekunden
```

Für die Zeitbestimmung gibt es in der Bibliothek **<time.h>** auch eine **Struktur** mit dem Namen **tm**.

Diese Struktur ist wie folgt aufgebaut:

```
struct tm
{
    int tm_sec;      /* Sekunden */
    int tm_min;      /* Minuten */
    int tm_hour;     /* Stunde (0 bis 23) */
    int tm_mday;     /* Tag im Monat (1 bis 31) */
    int tm_mon;      /* Monat (0 bis 11) */
    int tm_year;     /* Jahr (Kalenderjahr minus 1900) */
    int tm_wday;     /* Wochentag (0 bis 6, Sonntag = 0) */
    int tm_yday;     /* Tag im Jahr (0 bis 365) */
    int tm_isdst;    /* Kennzeichen für Sommerzeit */
};
```

Jede Strukturvariable speichert die entsprechende Anzahl der Sekunden, Minuten, Stunden usw. Die Strukturvariable *tm_isdst* ist ein Flag für die Sommerzeit. Diese Variable beinhaltet einen positiven Wert, wenn Sommerzeit gilt und Null, wenn Sommerzeit nicht gilt. Steht die Information nicht zur Verfügung, hat die Variable einen negativen Wert.

Im folgenden Beispiel wird die aktuelle Zeit und das aktuelle Datum ausgegeben:

```
#include <stdio.h>
#include <stdlib.h>
#include <time.h>

int main()
{
    struct tm *Zeit;          //Deklaration des Zeigers Zeit, welcher auf die Struktur tm
zeigt
    time_t now;               //Deklaration der Variablen now vom Typ time_t

        time(&now);           //Sekunden seit 1.1.1970
    Zeit = localtime(&now);   //Umwandlung der Sekunden in das aktuelle Datum und Uhrzeit

    printf("Datum: ");
    printf("%d.%d.%d\n",Zeit->tm_mday, Zeit->tm_mon + 1, Zeit->tm_year + 1900);

    printf("Uhrzeit: ");
    printf("%d:%d:%d\n",Zeit->tm_hour, Zeit->tm_min, Zeit->tm_sec);

    system("PAUSE");
    return 0;
}
```

```
c:\dokumente und einstellungen\pr\eigene dateien\
Datum: 11.4.2012
Uhrzeit: 15:24:49
Drücken Sie eine beliebige Taste . . .
```

Die Funktion *time()* ermittelt die Anzahl der Sekunden seit dem 1.1.1970.

Dieser Wert wird in die Variable &now gespeichert. Die Funktion *localtime()* wandelt die Anzahl der Sekunden in das aktuelle Datum und die aktuelle Zeit und speichert diese Werte in die entsprechenden Strukturvariablen.

Starten Sie obiges Programm und setzen einen Breakpoint auf die Zeile `printf("Datum: ");` . Beobachten Sie mit der automatischen Variablenüberwachung die abgespeicherten Werte:

Name	Wert		Typ
⊟ ♥ &now	0x0012ff50	Sekunden seit 1.1.1970	__int64 *
└── ♥	1334215605 ⟵		__int64
⊟ ♥ Zeit	0x00342be8 {tm_sec=45 tm_min=26 tm_hour=9 ...}		tm *
├── ♥ tm_sec	45		int
├── ♥ tm_min	26		int
├── ♥ tm_hour	9		int
├── ♥ tm_mday	12		int
├── ♥ tm_mon	3		int
├── ♥ tm_year	112 ⟵		int
├── ♥ tm_wday	4		int
├── ♥ tm_yday	102		int
└── ♥ tm_isdst	1		int

> Das Jahr beginnt mit der Zählung bei 1900! Daher muss zu diesem Wert +1900 addiert werden. 112 + 1900 = 2012

Im folgenden Programmbeispiel wird das Makro **CLOCKS_PER_SEC** genutzt, um einen Sekunden countdown zu erzeugen:

```
#include <stdio.h>
#include <time.h>

void wait ( int sekunden )
{
  clock_t endzeit;
  endzeit = clock () + sekunden * CLOCKS_PER_SEC ;
  while (clock() < endzeit)
  {
  }
}

int main ()
{
  int i;
  printf ("Start countdown...\n");
  for (i=10; i>0; i--)
  {
    printf ("%d\n",i);
    wait (1);
  }
  printf ("FIRE!!!\n");
  getchar();
  return 0;
}
```

```
Start countdown...
10
9
8
7
6
5
4
3
2
1
FIRE!!!
```

17   Zufallszahlen erzeugen

Zufallszahlen erzeugt man mit der parameterlosen Funktion *rand()*, die durch einbinden von
<stdlib.h> zur Verfügung steht. Die erzeugte Zufallszahl liegt zwischen **0** und **RAND_MAX**. RAND_MAX
ist eine Konstante welche in <stdlib.h> definiert ist. Der Wert dieser Konstanten ist vom System
abhängig jedoch mindestens 32767.

Beispiel:

```c
#include <stdio.h>
#include <stdlib.h>

int main ()
{
  int zufallszahl;

  for(int i=0; i<=10; i++)
  {
     zufallszahl = rand();        // Generiert eine Zufallszahl zwischen 0 und RAND_MAX
     printf("\nZufallszahl %d = %d",i,zufallszahl);
  }
  getchar();
  return 0;
}
```

```
Zufallszahl 0  = 41
Zufallszahl 1  = 18467
Zufallszahl 2  = 6334
Zufallszahl 3  = 26500
Zufallszahl 4  = 19169
Zufallszahl 5  = 15724
Zufallszahl 6  = 11478
Zufallszahl 7  = 29358
Zufallszahl 8  = 26962
Zufallszahl 9  = 24464
Zufallszahl 10 = 5705
```

Um die Zufallszahlen in einem Wertebereich einzugrenzen, kann der **Modulo-Operator %** verwendet werden:

```
#include <stdio.h>
#include <stdlib.h>

int main ()
{
   int zufallszahl;

   for(int i=0; i<=10; i++)
   {
      zufallszahl = rand() % 10 + 1;        // Generiert eine Zufallszahl
      printf("\nZufallszahl %d = %d",i,zufallszahl);
   }
   getchar();
   return 0;
}
```

```
C:\Dokumente und Einstel
Zufallszahl 0  = 2
Zufallszahl 1  = 8
Zufallszahl 2  = 5
Zufallszahl 3  = 1
Zufallszahl 4  = 10
Zufallszahl 5  = 5
Zufallszahl 6  = 9
Zufallszahl 7  = 9
Zufallszahl 8  = 3
Zufallszahl 9  = 5
Zufallszahl 10 = 6
```

Wenn Sie das Programm mehrmals nach einander starten, werden Sie jedoch bemerken, dass immer die gleiche Folge von Zufallszahlen - also Pseudozufallszahlen - erzeugt wird.

Um echte Zufallszahlen zu erzeugen, muss der Zufallszahlengenerator zuvor initialisiert werden. Dafür gibt es in C die Funktion *srand()*, welche den Startpunkt für eine Pseudo-Zufallszahl festlegt.

Als Übergabeparameter wird mit *time(NULL)* ein Zeitstempel (engl. timestamp) übergeben. Da hier eine Zeitfunktion genutzt wird, muss auch <time.h> eingebunden werden.

Im folgenden Beispiel wird der Zufallszahlengenerator durch die Übergabe eines Zeitstempels initialisiert. Jedesmal wenn Sie das Programm neu starten, werden andere Zufallszahlen generiert, da der Zeitstempel immer eine andere Startbedingung festlegt.

```c
#include <stdio.h>
#include <stdlib.h>
#include <time.h>

int main ()
{
  int zufallszahl;
  srand(time(NULL));      // Initialisierung des Zufallszahlengenerators durch Übergabe eines
                          // Zeitstempels

  for(int i=0; i<=10; i++)
  {
    zufallszahl = rand() % 10 + 1;      // Generiert eine Zufallszahl
    printf("\nZufallszahl %d = %d",i,zufallszahl);
  }
  getchar();
  return 0;
}
```

```
D:\C_Projects\test\Debug\test.exe

Zufallszahl 0  = 6
Zufallszahl 1  = 10
Zufallszahl 2  = 1
Zufallszahl 3  = 2
Zufallszahl 4  = 4
Zufallszahl 5  = 10
Zufallszahl 6  = 7
Zufallszahl 7  = 1
Zufallszahl 8  = 2
Zufallszahl 9  = 7
Zufallszahl 10 = 8
```

```
D:\C_Projects\test\Debug\test.exe

Zufallszahl 0  = 5
Zufallszahl 1  = 3
Zufallszahl 2  = 1
Zufallszahl 3  = 4
Zufallszahl 4  = 1
Zufallszahl 5  = 5
Zufallszahl 6  = 9
Zufallszahl 7  = 5
Zufallszahl 8  = 1
Zufallszahl 9  = 10
Zufallszahl 10 = 6
```

Hier ein Beispiel, welches Zufallszahlen zwischen 1 und 100 erzeugt:

```c
#include <stdio.h>
#include <stdlib.h>
#include <time.h>

int main ()
{
  int zufallszahl;
  srand(time(NULL));      // Initialisierung des Zufallszahlengenerators durch Übergabe eines
                          // Zeitstempels

  for(int i=0; i<=10; i++)
  {
    zufallszahl = rand() % 100 + 1;      // Generiert eine Zufallszahl zwischen 1 und 100
    printf("\n%d Wurf = %d",i+1 ,zufallszahl);
  }
  getchar();
  return 0;
}
```

```
D:\C_Projects\test\Debug\test.exe
```

```
1 Wurf  = 89
2 Wurf  = 62
3 Wurf  = 90
4 Wurf  = 100
5 Wurf  = 23
6 Wurf  = 32
7 Wurf  = 48
8 Wurf  = 78
9 Wurf  = 16
10 Wurf = 46
11 Wurf = 26
```

17.1 Programmbeispiel Würfelspiel

Hier ein Programm, welches zehn Zufallszahlen zwischen 1 und 6 erzeugt:

```c
#include <stdio.h>
#include <stdlib.h>
#include <time.h>

int main ()
{
  int zufallszahl;
  srand(time(NULL));     // Initialisierung des Zufallszahlengenerators durch Übergabe eines
                         // Zeitstempels

  for(int i=0; i<=9; i++)
  {
     zufallszahl = rand() % 6 + 1;      // Generiert eine Zufallszahl zwischen 1 und 6
     printf("\n%d Wurf = %d",i+1 ,zufallszahl);
  }
  getchar();
  return 0;
}
```

```
C:\Dokumente
```

```
1 Wurf  = 3
2 Wurf  = 1
3 Wurf  = 1
4 Wurf  = 4
5 Wurf  = 3
6 Wurf  = 2
7 Wurf  = 6
8 Wurf  = 3
9 Wurf  = 1
10 Wurf = 2
```

18 Anhang

18.1 Übersicht über die C Standard-Bibliothek

(Aus „THE ANSI-C PROGRAMMING LANGUAGE, SECOND EDITION", Brian W.Kernighan / Dennis M. Ritchie) Die Funktionen, Typen und Makros der C Standard-Bibliothek sind in verschiedenen Standard-Definitionsdateien deklariert. Diese Dateien werden mit **#include <dateiname.h>** in ein C-Programm eingebunden.

`assert.h`	Funktionen zur Fehlersuche
`ctype.h`	Funktionen zur Konvertierung von Zeichen
`errno.h`	Funktionen zur Fehlerbehandlung
`float.h`	Funktionen für die Gleitpunktarithmetik
`limits.h`	Definiert Konstanten für den Wertumfang ganzzahliger Typen
`locale.h`	Funktionen zur Einstellung von länderspezifischen Darstellungen
`math.h`	Mathematische Funktionen
`setjmp.h`	Funktionen für globale Sprünge von einer Funktion in eine andere
`signal.h`	Funktionen zur Signalbehandlung
`stdarg.h`	Funktionen zur Behandlung einer variablen Parameterliste
`stddef.h`	Beinnhaltet die Makros NULL, `offsetof()` und die Typen `ptrdiff_t` `size_t`, `wchar_t`
`stdio.h`	Ein- und Ausgabefunktionen
`stdlib.h`	Funktionen zur Speicherverwaltung, Stringkonvertierung usw.
`string.h`	Funktionen zur Bearbeitung von Strings
`time.h`	Zeit- und Datumsfunktionen

Mit dem C99-Standard wurden weitere Bibliotheken eingeführt:

`complex.h`	Funktionen zur Berechnung komplexer Zahlen
`fenv.h`	Einstellungen für das Rechnen mit Gleitkommazahlen
`inttypes.h`	Konvertierungsfunktionen für erweiterte Ganzzahltypen
`stdbool.h`	Unterstützung für Boolesche Variablen
`stdint.h`	Plattformunabhängige Definition von Ganzzahltypen
`tgmath.h`	Typgenerische Makros für mathematische Funktionen

Um die Bibliotheken des C99-Standards nutzen zu können, muss der verwendete Compiler diesen Standard auch unterstützen!

18.2 ASCII Tabelle

Decimal	Hex	Binary	Value	Decimal	Hex	Binary	Value
032	020	00100000	(space)	080	050	01010000	P
033	021	00100001	!	081	051	01010001	Q
034	022	00100010	"	082	052	01010010	R
035	023	00100011	#	083	053	01010011	S
036	024	00100100	$	084	054	01010100	T
037	025	00100101	%	085	055	01010101	U
038	026	00100110	&	086	056	01010110	V
039	027	00100111	'	087	057	01010111	W
040	028	00101000	(	088	058	01011000	X
041	029	00101001	)	089	059	01011001	Y
042	02A	00101010	*	090	05A	01011010	Z
043	02B	00101011	+	091	05B	01011011	[
044	02C	00101100	,	092	05C	01011100	\
045	02D	00101101	-	093	05D	01011101	]
046	02E	00101110	.	094	05E	01011110	^
047	02F	00101111	/	095	05F	01011111	_
048	030	00110000	0	096	060	01100000	`
049	031	00110001	1	097	061	01100001	a
050	032	00110010	2	098	062	01100010	b
051	033	00110011	3	099	063	01100011	c
052	034	00110100	4	100	064	01100100	d
053	035	00110101	5	101	065	01100101	e
054	036	00110110	6	102	066	01100110	f
055	037	00110111	7	103	067	01100111	g
056	038	00111000	8	104	068	01101000	h
057	039	00111001	9	105	069	01101001	i
058	03A	00111010	:	106	06A	01101010	j
059	03B	00111011	;	107	06B	01101011	k
060	03C	00111100	<	108	06C	01101100	l
061	03D	00111101	=	109	06D	01101101	m
062	03E	00111110	>	110	06E	01101110	n
063	03F	00111111	?	111	06F	01101111	o
064	040	01000000	@	112	070	01110000	p
065	041	01000001	A	113	071	01110001	q
066	042	01000010	B	114	072	01110010	r
067	043	01000011	C	115	073	01110011	s
068	044	01000100	D	116	074	01110100	t
069	045	01000101	E	117	075	01110101	u
070	046	01000110	F	118	076	01110110	v
071	047	01000111	G	119	077	01110111	w
072	048	01001000	H	120	078	01111000	x
073	049	01001001	I	121	079	01111001	y
074	04A	01001010	J	122	07A	01111010	z
075	04B	01001011	K	123	07B	01111011	{
076	04C	01001100	L	124	07C	01111100		
077	04D	01001101	M	125	07D	01111101	}
078	04E	01001110	N	126	07E	01111110	~
079	04F	01001111	O	127	07F	01111111	DEL

18.3 Stichwortverzeichnis

A

Add Watch 72
Addition 49
Adressoperator 20, 48, 68, 153
Adressoperator & 157
aktueller Parameter 140
Aliasnamen 47
Anfordern von Speicher 197
Arrays 121
Arrays von Strukturen 172
ASCII-Tabelle 42
assert.h 208
atof() 195
atoi() 195
Aufzählungen (enum) 183

B

binäre 0 133
Binärzahl 25, 104
Bit-Operatoren 60
Bitweise Negation 64
Bitweises exklusiv ODER (XOR) 63
Bitweises ODER 62
Bitweises UND 61
break 89, 109
break - Anweisung 109
Byte 29

C

C Standard-Bibliothek 208
call by reference 140
call by value 140
calloc() 198
case sensitive 29
char 39, 41
clock() 200
CLOCKS_PER_SEC 202
color 21

Compiler 6
complex.h 209
conio.h 119
const 32
continue 109
continue - Anweisung 110
CPU-Zeit 199
ctype.h 208

D

Dateien auf Existenz prüfen 189
Dateien öffnen und schließen 187
Datentyp time_t 199
Datentypen 39, 41
Datum und Uhrzeit 201
Debugger 11, 69
default 89
define 35, 184
Definition 30
Definition von Pointervariablen 152
Deklaration 30
Dekrement 55
Dereferenzierung 154
Dereferenzierungsoperator 154
Division 50
do – while - Schleifen 104
double 39, 41
Dynamische Speicherverwaltung 196

E

Einerkomplement 27
Eingabestring 196
else-if Anweisung 85
End of file 77
End Of File 117
enum 183
EOF 77, 117
errno.h 208
Escapesequenzen 23

Escape-Sequenzen 188
exit(1)...190
Exklusiv ODER 61
Explizite Typumwandlung............................46

F

Farbparameter...22
fclose() 187
Felder 121
fenv.h 209
feof()..191
fflush()...76
fflush(stdin)...68, 76
fgetc()..190
fgets()..78
FILE..188
float..39, 41
float.h..208
Floatingpoints 44
fopen() 187
for - Schleifen...92
formaler Parameter 140
Formatelement..17
Formatstring 20, 196
fprintf...192
fprintf() 186, 191
free() 197
free()..198
Freigeben von Speicher 198
fscanf()..186
Funktionen...136
Funktionsdefinition......................................138
Funktionsdeklaration 138
Funktionstyp 143

G

Geschachtelte if - else Anweisungen 88
getchar() 11, 16, 68, 117
gets().................................119, 133, 134, 191
Gleichheitsoperator 56
Gleitpunkttypen..44

Globale Variablen 36, 149
Größer Gleich Operator................................57
Größer Operator...57

H

Headerdateien..12
Hexadezimalzahl...28

I

IDE 6
if - else Verzweigung...................................82
if-Anweisung...80
Implizite Typumwandlung 46
include 14
Indexbereich 124
Inhaltsoperator..154
Initialisierung 30
Initialisierung und Zugriff auf Strukturen ... 162
Initialisierungen von Arrays........................129
Inkrement 55
Inputstream...101
int39, 41
inttypes.h..209
Iterationen...92

K

Kleiner Operator..57
Kombinierte Zuweisungsoperatoren............54
Kommentar..11
Konsolenanwendung 9
Konstanten 32
Kontrollstrukturen 80

L

Lesen einer Datei...190
limits.h 49, 208
Linker..6
Linksshift..61
locale.h 208
localtime() 202
logische NEGIERUNG 59

Logische Operatoren 58
Logisches NAND 67
Logisches NOR 67
logisches ODER 59
logisches UND 58
Lokale Variablen 36
long 41
long long 43

M

main() 14
malloc() 197
Maskierung 65
math.h 51, 208
Mehrdimensionale Arrays 130
Member 172
Modulo 50
Modulo Operanden 74
Modulo Operator 87
Multiplikation 50

N

Negation 61
negatives Vorzeichen 49
Nibble 25
NULL-Pointer 153

O

ODER 61
Operatoren 49

P

Parameter 136
Parameterübergabe 140
Parameterübergabe mit call by reference ..145
Parameterübergabe mit call by value 141
Pfeiloperator (->) 177
Platzhalter 24, 31, 133
Pointer 151
Pointer auf Arrays 158
Pointer auf void 157

Pointer-Variablen 152
Präprozessoranweisung 34
printf() 10, 16, 42, 186, 193
Prototyping 142
Pseudozufallszahlen 205
Punktoperator 162, 164
putchar() 117, 118, 191

Q

Quadratwurzel 53
Quelldatei 10

R

RAM 48
rand() 203
RAND_MAX 203
Rechtsshift 61
Referenzierung 153
return 15
Rückgabetyp 136
Rückgabewert einer Funktion 143

S

scanf() 20, 68, 73, 75, 186
Schiebeoperatoren 66
Schlüsselwörter 32
Schreiben in eine Datei 191
setjmp.h 208
Shift-Operatoren 61
short 41
signal.h 208
sizeof() 43, 49
Speicheradresse 69, 151, 153
Speicherkonzept 48
Speicherverwaltung 196
sprintf() 193
sqrt() 53
srand() 205
sscanf() 78, 196
Stack 141
Standard Datenströme 186

Standardausgabe 117, 186

Standardeingabe..186

Standard-Eingabestrom 117

Standardfehlerausgabe............................186

static 38

Statische Variablen 38

stdafx.h 12

stdarg.h...208

stdbool.h...209

stddef.h...208

stdin 117, 186

stdint.h..209

stdio.h 14, 186, 208

stdlib.h 14, 107, 208

stdout....................................117, 186

strcpy()...174

streams 186

string.h...208

Stringliterale 188

Strings 132

strlen() 135, 191

strol() 195

strtod()...195

struct...161

struct tm 201

Strukturarrays..171

Strukturelemente 174

Strukturen...161

Strukturen deklarieren 161

Strukturen mit Arrays 171

Strukturen und Zeiger..............................175

Strukturen von Strukturen.........................169

Strukturmitglieder 176

Strukturvariable 163

Subtraktion 50

switch - case Anweisungen 88

Symbolische Konstanten............................34

system("cls")...107

system() 21

system("PAUSE") 14

Systemzeit..200

T

Tastaturpuffer 68

tgmath.h...209

Ticks 199

time() 199, 202

time(NULL)...205

time.h 199, 208

timestamp 205

tm_isdst..201

Typdefinition von Strukturen 178

typedef 47, 178

Typumwandlung..45

U

Übergabe von Strukturvariablen an
    Funktionen 174

Übergabeparameter 144

UND 61

Ungleichheitsoperator................................56

union...182

Unions 181

unsigned 41

Unterprogramme 136

V

Variable deklarieren 30

Variablen 29

Variablenadresse 72

Variablenbezeichner.........................162, 164

Variablenüberwachung 69

Vergleichsoperatoren..................................55

Verschachtelte for - Schleifen 94

void 15, 150

Vorkompilierter Header 11

W

Wertzuweisung an einen Pointer 153

while - Schleifen 99

Winkelfunktionen......................................51

Z

Zahlenfolge von Fibonacci 113

Zeichenketten 132

Zeichenweise lesen und schreiben 117

Zeiger 151

Zeiger als Strukturmitglieder 176

Zeiger auf Strukturen 176

Zeitfunktion 205

Zeitfunktionen 199

Zeitstempel 205

Zufallszahlen 203

Zufallszahlengenerator 205

Zuweisungsoperatoren 54

Zweierkomplement 26

www.tredition.de

Über tredition

Der tredition Verlag wurde 2006 in Hamburg gegründet. Seitdem hat tredition Hunderte von Büchern veröffentlicht. Autoren können in wenigen leichten Schritten print-Books, e-Books und audio-Books publizieren. Der Verlag hat das Ziel, die beste und fairste Veröffentlichungsmöglichkeit für Autoren zu bieten.

tredition wurde mit der Erkenntnis gegründet, dass nur etwa jedes 200. bei Verlagen eingereichte Manuskript veröffentlicht wird. Dabei hat jedes Buch seinen Markt, also seine Leser. tredition sorgt dafür, dass für jedes Buch die Leserschaft auch erreicht wird

Autoren können das einzigartige Literatur-Netzwerk von tredition nutzen. Hier bieten zahlreiche Literatur-Partner (das sind Lektoren, Übersetzer, Hörbuchsprecher und Illustratoren) ihre Dienstleistung an, um Manuskripte zu verbessern oder die Vielfalt zu erhöhen. Autoren vereinbaren unabhängig von tredition mit Literatur-Partnern die Konditionen ihrer Zusammenarbeit und können gemeinsam am Erfolg des Buches partizipieren.

Das gesamte Verlagsprogramm von tredition ist bei allen stationären Buchhandlungen und Online-Buchhändlern wie z. B. Amazon erhältlich. e-Books stehen bei den führenden Online-Portalen (z. B. iBook-Store von Apple) zum Verkauf.

Seit 2009 bietet tredition sein Verlagskonzept auch als sogenanntes "White-Label" an. Das bedeutet, dass andere Personen oder Institutionen risikofrei und unkompliziert selbst zum Herausgeber von Büchern und Buchreihen unter eigener Marke werden können.

Mittlerweile zählen zahlreiche renommierte Unternehmen, Zeitschriften-, Zeitungs- und Buchverlage, Universitäten, Forschungseinrichtungen, Unternehmensberatungen zu den Kunden von tredition. Unter www.tredition-corporate.de bietet tredition vielfältige weitere Verlagsleistungen speziell für Geschäftskunden an.

tredition wurde mit mehreren Innovationspreisen ausgezeichnet, u. a. Webfuture Award und Innovationspreis der Buch-Digitale.

tredition ist Mitglied im Börsenverein des Deutschen Buchhandels.

www.ingramcontent.com/pod-product-compliance
Lightning Source LLC
LaVergne TN
LVHW080115070326
832902LV00015B/2605